京都・奈良・大阪
修学旅行
パーフェクトガイド
増補改訂版

「京都・奈良・大阪 修学旅行ガイド」編集室 著

Mates Publishing

※本書は2018年発行の『京都・奈良・大阪 修学旅行 パーフェクトガイド 改訂版』を
　元に内容の確認、新規内容を追加、書名・装丁を変更して新たに発行したものです。

この本の使い方

大阪駅・京都駅・奈良駅からのアクセスです。各駅からコースの始点に行きにくい場合は、最寄りのバス停などを案内しています。

おすすめコースを内容別に「文化」「歴史」「社会」に分類しています。

コースの特徴を紹介しています。

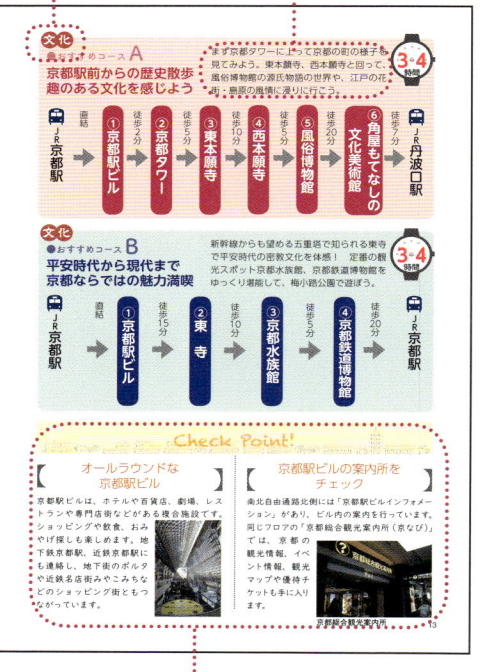

エリアの地図に各コースのルートを記しています。

ちょっとした情報や豆知識を紹介しています。

◆本書は中学生・高校生を中心とした修学旅行のためのガイドブックです。京都・奈良・大阪の修学旅行人気スポットを紹介しています。各ページで案内しているコースは、各テーマのモデルコースです。時間や興味のあるテーマによって調整してください。

◆コースに記載している移動時間や所要時間はあくまでも目安です。徒歩移動や乗り物移動、その時の交通状況などにより変動することがあります。

◆入場料などが必要な施設は、中学生・高校生の料金を中心に記載しています。団体料金など、その他は省略している場合がありますので、事前にご確認ください。

◆休みは定期休日のみを記載し、お盆や年末年始の休みは記載していません。お寺や神社などで無休・無料の場合は、項目を省いています。

> 本書に記載しているデータは 2023 年 2 月現在のものです。時間や休日、料金、交通事情などは予告なく変更になる場合がありますので、事前にご確認ください。

関西全体 MAP

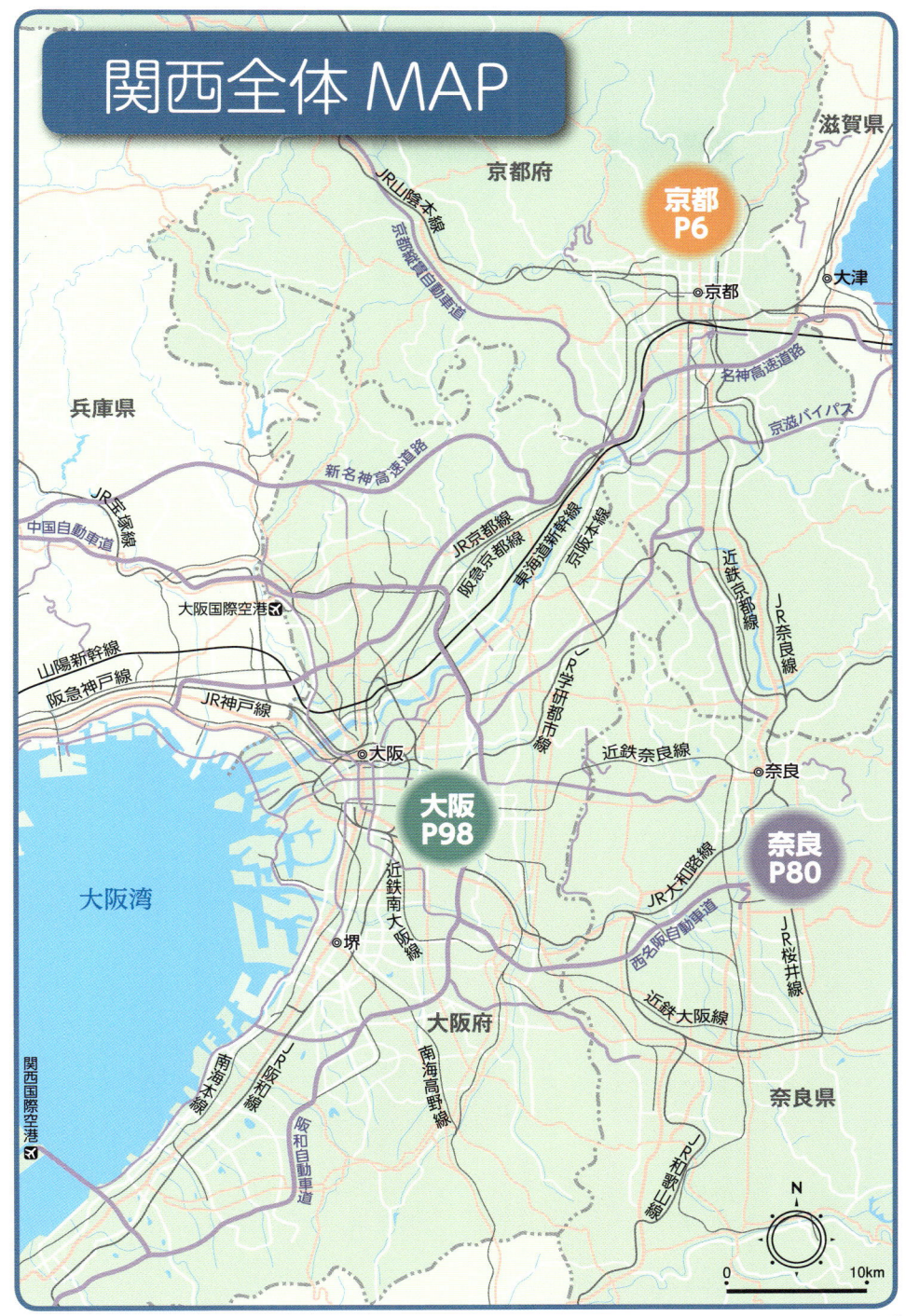

滋賀県

京都府

京都
P6

大津

京都

名神高速道路

京滋バイパス

兵庫県

新名神高速道路

JR宝塚線

中国自動車道

大阪国際空港

山陽新幹線

阪急神戸線

JR神戸線

JR京都線

阪急京都線

東海道新幹線

京阪本線

近鉄京都線

JR奈良線

近鉄奈良線

奈良

奈良
P80

大阪

大阪
P98

近鉄南大阪線

JR学研都市線

JR大和路線

西名阪自動車道

近鉄大阪線

JR桜井線

大阪湾

堺

大阪府

南海高野線

JR阪和線

南海本線

阪和自動車道

奈良県

JR和歌山線

関西国際空港

N

0   10km

京都

京都府

京都市

南丹市

龍王ヶ岳

愛宕山

高雄山
神護寺卍

亀岡市

亀岡

JR嵯峨野線

嵯峨嵐山

嵐山

上賀茂・下鴨周辺 P48

金閣寺周辺 P56

西陣 P40

北野白梅町

卍大覚寺

嵐山・嵯峨野 P60

二条城周辺 P36

烏丸・河原町周辺 P18

松尾 P66

京都駅周辺 P12

大宮

桂離宮

京都縦貫自動車道

明神ヶ岳

桂

阪急京都線

向日市

ポンポン山

長岡京市

JR京都線

高槻市

大阪府

新名神高速道路

大山崎町

島本町

久御山町

京阪本線

八幡市

第二京阪道路

N

0　　　　3km

鞍馬山
卍鞍馬寺
鞍馬口
鞍馬・貴船 P74

卍三千院
大原 P76

161

守山市

叡山電鉄

367

比叡山 卍延暦寺
八瀬
坂本

161

宝ヶ池

百万遍・一乗寺・修学院 P52

琵琶湖

滋賀県

出町柳
御所周辺 P32

京都河原町

哲学の道 P42
平安神宮周辺 P28
卍南禅寺

祇園四条
祇園・清水寺周辺 P22

京都
鴨川

卍清水寺
山科
三十三間堂周辺 P46

卍三井寺
びわ湖浜大津

大津

大津市

京阪石山坂本線

草津市

JR琵琶湖線

卍東福寺
東海道新幹線

伏見稲荷周辺 P68

名神高速道路

卍醍醐寺

千頭岳

石山寺卍

JR奈良線

中書島

宇治川

瀬田川

京滋バイパス

宇治市

近鉄京都線

宇治
宇治 P70

京都のアクセス

バスの路線が多く、便利な京都市内。地下鉄と組み合わせるなど、効率のよい移動方法をチェックしましょう。

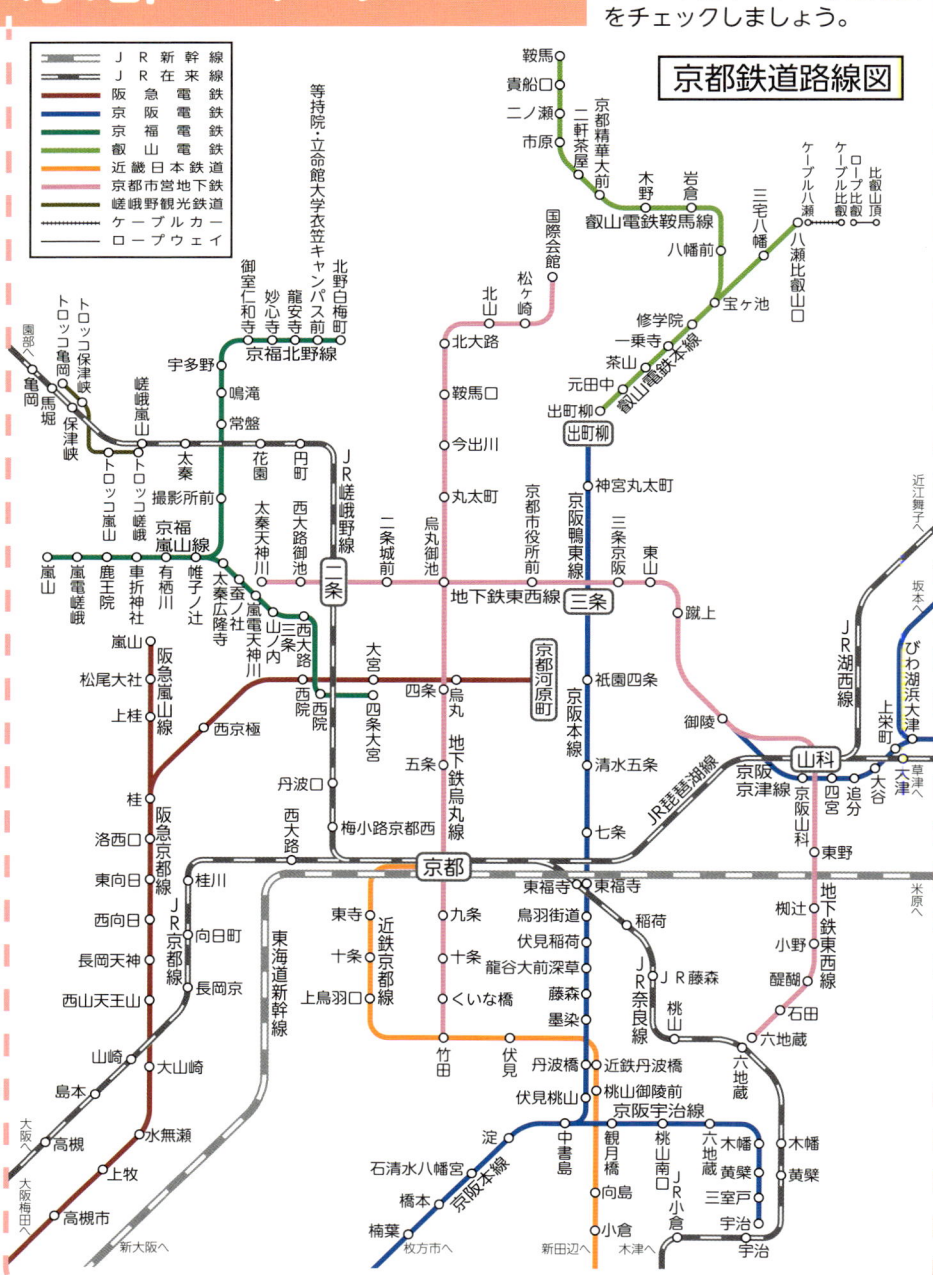

京都鉄道路線図

凡例：
- J R 新幹線
- J R 在来線
- 阪急電鉄
- 京阪電鉄
- 京福電鉄
- 叡山電鉄
- 近畿日本鉄道
- 京都市営地下鉄
- 嵯峨野観光鉄道
- ケーブルカー
- ロープウェイ

京都主要バス路線図

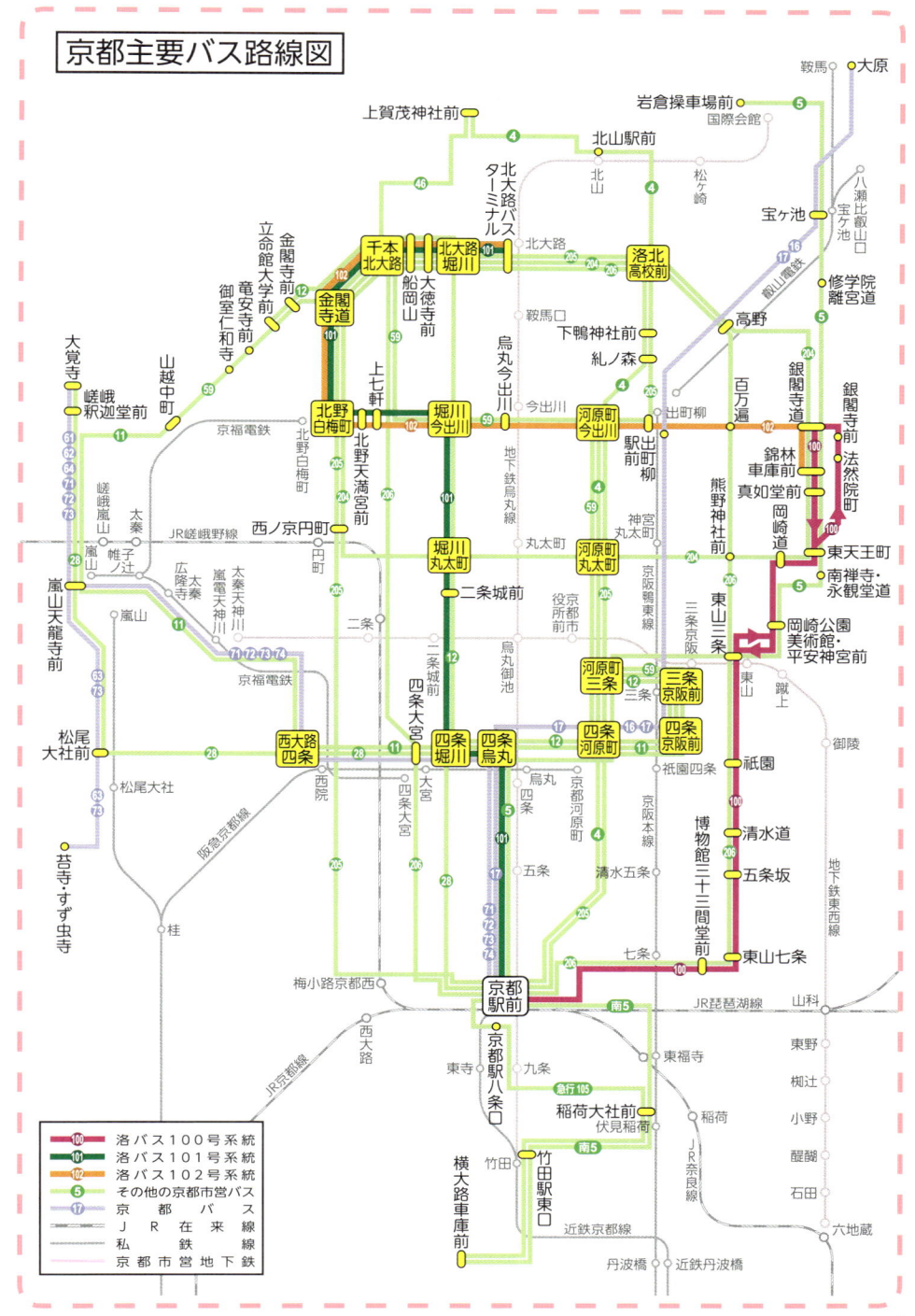

凡例
- 洛バス100号系統
- 洛バス101号系統
- 洛バス102号系統
- その他の京都市営バス
- 京都バス
- ＪＲ在来線
- 私鉄線
- 京都市営地下鉄

京都交通便利情報

京都市内は、市バスと地下鉄が網羅していて、行きたいところに行くことができます。民営の京都バスも走っています。四条河原町など多くのバスの路線が集まる場所では、同じ名前のバス停が何ヵ所もあるので注意が必要。路線名を確認して間違わないようにしましょう。

KYOTO

●市バス

京都の市バスは、車両中央部にある扉から乗車します。目的の停留所の案内が流れたら、早めに降車ボタンを押しましょう。降車するときは、前方の扉から降ります。運賃は、降車するときに運転席横の運賃箱に入れるか、カードを提示します。

●鉄道の種類

JR ◆京都駅から嵐山に向かう**嵯峨野線**、宇治や奈良へ向かう**奈良線**、大津へ向かう**琵琶湖線**、大阪へ向かう**京都線**が運行しています。

地下鉄◆市内の南北を結ぶ**烏丸線**と、東西を走る**東西線**が運行しています。

私鉄◆出町柳〜淀屋橋間を結ぶ本線が鴨川の東を運行する「**京阪電鉄**」、京都河原町〜大阪梅田間を結ぶ京都線と、桂〜嵐山間を結ぶ嵐山線がある「**阪急電鉄**」、四条大宮〜嵐山間、北野白梅町〜帷子ノ辻間を結ぶ「**京福電鉄（嵐電）**」、出町柳から八瀬や鞍馬方面に向かう「**叡山電鉄**」、京都と奈良を結ぶ「**近畿日本鉄道**」などが運行しています。

お得に使える乗車券

【市バス・京都バス 1日乗車券カード】700円

市バスの均一運賃区間であれば、1日に何回でも利用可能な乗車券です。3回以上乗車する場合はお得です。利用区域外でも追加運賃を払えば使えます。（市バス・地下鉄案内所、市バス・京都バス車内などで販売）

【市営地下鉄 1day フリーチケット】800円

市営地下鉄が1日乗り降り自由になる乗車券です。乗車券で優待特典を受けられる沿線施設もあります。（地下鉄各駅の窓口などで販売）

【京都修学旅行 1day チケット】800円

市バス・地下鉄全線のほか、京都バス・京阪バス・西日本JRバス（各一部路線を除く）で、1日何回でも利用できる乗車券です。（学校単位での一括販売）

京都観光豆知識

【 「上ル(あがる)、下ル(さがる)、入ル(いる)」って？ 】

京都の町の中心部は、通りが碁盤の目のように東西南北に並んでいます。京都では「○○町○○番地」という正式な住所より、南北と東西の通りが交わる交差点を基準に、上ル、下ル、東入ル、西入ルという言い方で、場所をあらわすことが多いです。「上ル」は北へ進む、「下ル」は南へ進む、「西入ル」は西に進む、「東入ル」は東に進む、という意味です。そのことを理解してしまえば、場所をさがす時にもとても便利で簡単です。

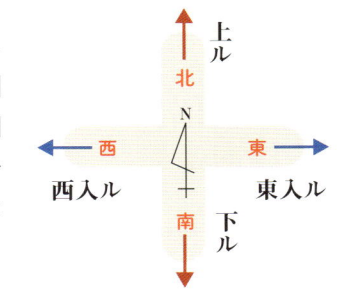

【 通りの名前を覚えよう 】

京都の通りの名前を覚えると、さらに京都を身近に感じられます。むかしから京都の人は、南北、東西の通りの名前を数え歌のようにして覚えてきました。市内中央部の東西の通りを歌った代表的な通り歌を、覚えてみるのも参考になります。

「まる（丸太町通(まるたまち)）たけ（竹屋町通(たけやまち)）えびす（夷川通(えびすがわ)）に（二条通(にじょう)）おし（押小路通(おしこうじ)）おいけ（御池通(おいけ)）あね（姉小路通(あねやこうじ)）さん（三条通(さんじょう)）ろっかく（六角通(ろっかく)）たこ（蛸薬師通(たこやくし)）にしき（錦小路通(にしきこうじ)）し（四条通(しじょう)）あや（綾小路通(あやのこうじ)）ぶっ（仏光寺通(ぶっこうじ)）たか（高辻通(たかつじ)）まつ（松原通(まつばら)）まん（万寿寺通(まんじゅじ)）ごじょう（五条通(ごじょう)）・・・」

（※口伝えで伝わっているので、歌詞のパターンは複数あります）

京都駅周辺

きょうとえきしゅうへん

京都の玄関口としてにぎわうJR京都駅。京都めぐりの拠点となる京都駅ビルは、様々な施設が充実しています。目の前には京都タワーがそびえ、東本願寺、西本願寺をはじめ、少し足をのばせば島原の世界観も味わえるなど、駅周辺は見どころ満載。京都水族館、京都鉄道博物館も人気です。

大阪・奈良駅からのアクセス

電車：JR大阪駅から京都線で「京都駅」下車、近鉄奈良駅から奈良線・京都線で「京都駅」下車、JR奈良駅から奈良線で「京都駅」下車

KYOTO

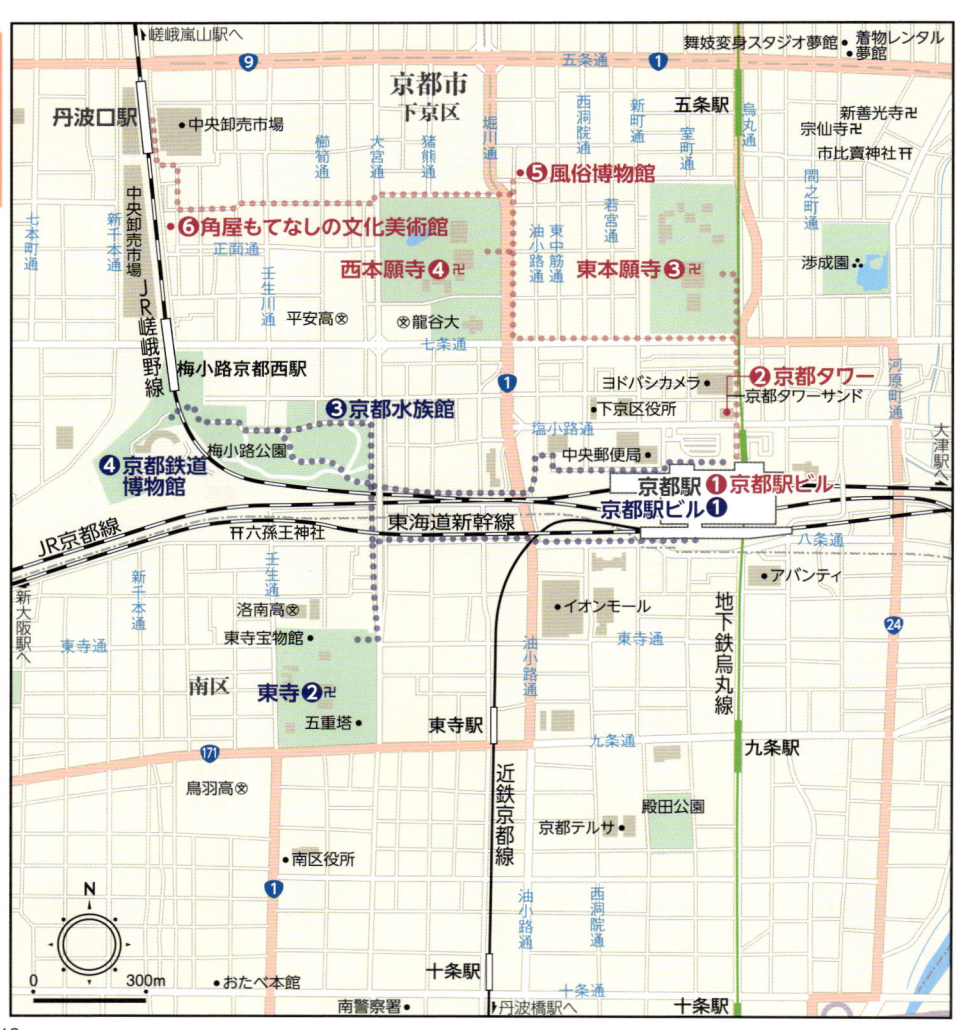

●おすすめコース A
京都駅前からの歴史散歩
趣のある文化を感じよう

まず京都タワーに上って京都の町の様子を見てみよう。東本願寺、西本願寺と回って、風俗博物館の『源氏物語』の世界や、江戸の花街・島原の風情に浸りに行こう。

3~4時間

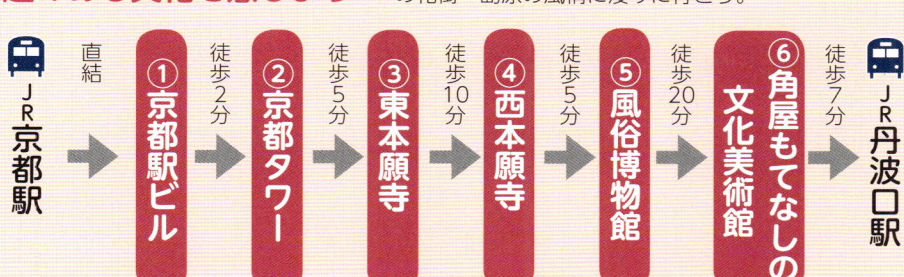

JR京都駅 →直結→ ①京都駅ビル →徒歩2分→ ②京都タワー →徒歩5分→ ③東本願寺 →徒歩10分→ ④西本願寺 →徒歩5分→ ⑤風俗博物館 →徒歩20分→ ⑥角屋もてなしの文化美術館 →徒歩7分→ JR丹波口駅

文化

●おすすめコース B
平安時代から現代まで
京都ならではの魅力満喫

新幹線からも望める五重塔で知られる東寺で平安時代の密教文化を体感！ 定番の観光スポット京都水族館、京都鉄道博物館をゆっくり堪能して、梅小路公園で遊ぼう。

3~4時間

JR京都駅 →直結→ ①京都駅ビル →徒歩15分→ ②東寺 →徒歩10分→ ③京都水族館 →徒歩5分→ ④京都鉄道博物館 →徒歩20分→ JR京都駅

Check Point!

【 オールラウンドな 京都駅ビル 】

京都駅ビルは、ホテルや百貨店、劇場、レストランや専門店街などがある複合施設です。ショッピングや飲食、おみやげ探しも楽しめます。地下鉄京都駅、近鉄京都駅にも連絡し、地下街のポルタや近鉄名店街みやこみちなどのショッピング街ともつながっています。

【 京都駅ビルの案内所を チェック 】

南北自由通路北側には「京都駅ビルインフォメーション」があり、ビル内の案内を行っています。同じフロアの「京都総合観光案内所（京なび）」では、京都の観光情報、イベント情報、観光マップや優待チケットも手に入ります。

京都総合観光案内所

みどころ Pick Up!

A① B① 京都駅ビル
きょうとえきびる
無料

☎ 075-361-4401（京都市駅ビルインフォメーション、10：00 ～ 19：00）　**住**京都市下京区烏丸通塩小路下ル東塩小路町　**時**店舗により異なる　**休**無休

　古都京都のイメージとはまた違う印象の、近代的な京都駅ビル。平成9（1997）年に完成した現在の駅ビルは、平安京の都市の特徴である碁盤の目の街路網（条坊制）のイメージを取り入れて設計されています。中央改札を出ると、4000枚のガラスに覆われた大きな吹き抜けの空間が広がっています。

近代的な京都駅ビル

　京都駅ビルの10階にある「京都拉麺小路」は、全国各地のラーメン店が集結した拉麺テーマパークです。昔ながらの町家をイメージした空間に、地元京都の「ますたに」をはじめ、全国各地の人気ラーメン店9店と、喫茶店1店が

京都拉麺小路の入口

軒を並べています。空中径路ともつながっています。

（駅ビル10階／ 11：00 ～ 22：00　※21：30LO）

空中径路

　京都駅ビル中央コンコースの巨大な吹き抜けの上に、東西のエリアをつなぐ地上高45m、長さ147mのガラス張りの廊下「空中径路」（無料、10：00 ～ 22：00）があります。3カ所の展望スペースも設けられていて、京都タワーを正面から望め、市街北側の眺望を楽しむことができます。

斬新な駅ビルを満喫できる空中径路

A③ 東本願寺
ひがしほんがんじ
無料

☎ 075-371-9181　**住**京都市下京区烏丸通七条上ル　**時**5：50 ～ 17：30（11 ～ 2月は6：20 ～ 16：30）

　真宗大谷派の本山。慶長7（1602）年、徳川家康から寺地の寄進を受けて創建。境内には数々の歴史的建築物があります。高さ38m、広さ927畳もある御影堂は、世界最大級の木造建築。壮大な御影堂門は、知恩院三門、南禅寺三門と並び、京都三大門の一つです。

> 国の名勝にも指定されている、東本願寺飛地境内地（別邸）の池泉回遊式庭園「渉成園」も要チェックです。
> ☎ 075-371-9210（本廟部参拝接待所）
> **住**京都市下京区下珠数屋町通間之町東入東玉水町
> ※庭園維持寄付金500円以上、高校生以下250円以上

KYOTO

Ⓐ② 京都タワー

展望室 有料

きょうとたわー

住 京都市下京区烏丸七条下ル　時 10：30〜21：00（展望室最終入場 20：30まで）　休 無休　料 展望室 800円、中学生 550円、高校生 650円　※詳細は HP 要確認

京都の街を照らす灯台をイメージして建てられた、京都のシンボルタワー。京都市街で1番高い建造物で、全高は131m。地上100mにある展望室からは、京都の街の360度のパノラマを楽しむことができます。展望室には望遠鏡はもちろん、タッチパネル式観光案内モニターも設置。京都タワーのマスコットキャラクター「たわわちゃん」が展望室に登場することもあり、時間が合えば一緒に写真を撮れることも。「たわわちゃん」オリジナルグッズも人気です。ビル1階のおみやげ売り場では、京都らしいおみやげをゆっくり選ぶことができます。

望遠鏡やタッチパネル式観光案内も（無料）

昭和39年に建てられた京都のランドマーク

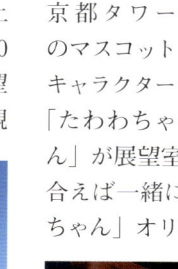

© もへろん

展望室のたわわちゃん神社

Ⓐ④ 西本願寺

無料

にしほんがんじ

☎ 075-371-5181　住 京都市下京区堀川通花屋町下ル　時 5：30〜17：00

「お西さん」と親しまれる、浄土真宗本願寺派の本山。鎌倉時代に開かれた大谷廟堂に始まり、豊臣秀吉の寄進により天正19（1591）年に現在地に。伏見城の遺構と伝わる絢爛豪華な唐門、聚楽第から移築したとも伝えられる飛雲閣など、桃山文化を伝える国宝や重要文化財が多数あります。

> 2016年に国宝に指定された御影堂は建物内に入ることができ、その大きさに圧倒されます。境内の南側にある豪華な装飾彫刻を施した国宝の唐門は、桃山時代の建築らしい華麗な色彩で「日暮らし門」と呼ばれます。

Ⓐ⑤ 風俗博物館

中高生 300円

ふうぞくはくぶつかん

☎ 075-342-5345　住 京都市下京区堀川通新花屋町下ル（井筒左女牛ビル5階）　時 10：00〜17：00　休 日曜・祝日（展示替期間休館あり）　料 500円、中高生 300円

紫式部が執筆した『源氏物語』を切り口に、平安時代の貴族の暮らしを立体的に表現した博物館です。光源氏の邸宅「六條院春の御殿」を1/4のスケールの模型で具現化し、登場人物の装束も平安時代のものを忠実に再現。日本の美しいロイヤルコスチュームの原点を知ることができます。

※展示替期間は要確認

みどころ Pick Up!

A⑥ 角屋もてなしの文化美術館
すみやもてなしのぶんかびじゅつかん

中高生 **800円**

☎ 075-351-0024　住 京都市下京区西新屋敷揚屋町 32　時 10：00 〜 16：00　休 月曜（祝日の場合は翌日）※ 7 月 19 日〜 9 月 14 日、12 月 16 日〜 3 月 14 日は休館　料 1,000 円、中高生 800 円　※ 2 階の特別公開料金別途 800 円（中高生 600 円）

タイムスリップしたような趣のある建物

　角屋は現在の料亭に当たる揚屋（あげや）といわれる店です。大座敷や広庭も設けられています。幕末には西郷隆盛や久坂玄瑞などの密議にも使われました。江戸時代からの建物を維持し、揚屋建築を現代に伝える唯一の遺構として、国の重要文化財に指定されています。

島原って？

江戸時代に、公許の花街（歌舞音曲を伴う遊宴の町）として開設された島原。和歌や俳諧などの文芸活動も盛んに行われ、幕末には新撰組の隊士たちも通いました。現在は島原入口の「大門」、揚屋だった「角屋」、揚屋に大夫や芸妓を派遣する置屋の「輪違屋」が残っています。

島原の入口にある大門

B② 東寺
とうじ

中学生／高校生 **300/400円**

☎ 075-662-0173　住 京都市南区九条町 1　時 8：00 〜 17：00（受付は〜 16：30）　休 無休　料 金堂・講堂　500 円、中学生 300 円、高校生 400 円、五重塔初層公開時は 800 円、中学生 500 円、高校生 700 円

　正式名称は「教えの王、国を護る」という意味の「教王護国寺」。平安京を開いた桓武天皇が開いた国立の寺院でした。その後弘法大師（空海）に託され、真言密教の寺院として信仰を集めました。講堂に安置されている 21 体の仏像群は、空海がどうしても伝えたかったメッセージだといわれる、密教の世界観を表現

堂々たる姿の南大門

した「立体曼荼羅」。21 体の仏像のうち 16 体は、国宝に指定されている平安時代前期に造られたものです。木造建築としては日本一の高さを誇る五重塔も注目。毎月 21 日には、境内に 1,000 以上の店が並ぶ「弘法市」も開かれます。

「弘法さん」と親しまれている東寺

講堂

KYOTO

B③ 京都水族館
きょうとすいぞくかん

中学生/高校生 **1,200/1,800** 円

☎ 075-354-3130（営業時間内） 住京都市下京区観喜寺町35-1（梅小路公園内） 時10：00 〜 18：00（季節により変更あり、入場受付は閉館の1時間前まで） 休無休（臨時休業あり） 料2,400円、中学生1,200円、高校生1,800円

京都水族館は、人工海水を使った内陸型の大規模な水族館です。「水と共につながる、いのち」を展示コンセプトに、約250種のいきものたちがくらしています。「京の川」エリアでは、「生きた化石」「世界最大級の両生類」といわれるオオサンショウウオを見ることができます。ほかにも、水中と陸上の両方でくらす様子を観察できる「ペンギン」エリアや、色や形、大きさが異なるさまざまなクラゲが泳ぐ「クラゲワンダー」など人気の展示ばかり。かわいいいきものがモチーフになった、おみやげやカフェメニューも見逃せません。

京の海を再現した大水槽

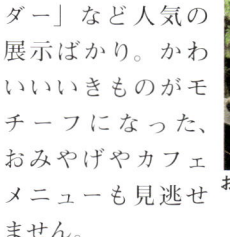
おみやげショップも充実

幻想的な空間が広がる「クラゲワンダー」

B④ 京都鉄道博物館
きょうとてつどうはくぶつかん

中学生/高校生 **500/1,300** 円

☎ 0570-080-462 住京都市下京区観喜寺町 時10：00 〜 17：00 休水曜（祝日の場合は開館） 料1,500円、中学生500円、高校生1,300円

梅小路蒸気機関車館を大幅増設し、2016年春にオープンした、「見る・さわる・体験する」をテーマにした日本最大級の鉄道博物館。C62形蒸気機関車、0系新幹線電車のトップナンバー、時速300kmを実現した500系新幹線など、日本の鉄道史を代表する54両が並ぶ様子は壮観です。実物の約1/80のスケールの鉄道ジオラマでは、係員が操作する様子が見られ大迫力です。蒸気機関車を保存する扇形車庫と転車台も人気。本物の蒸気機関車が牽引するSLスチーム号に乗ることもできます。（料金は別途）

幅約30m、奥行約10mの巨大ジオラマ

現存する日本最古の扇形車庫（鉄筋コンクリート造り）と転車台

本館にはJR西日本を代表する車両がずらり

SLスチーム号

烏丸・河原町周辺

からすま・かわらまち

京都の中心に位置する、繁華街やオフィス街、市場をふくむ烏丸・河原町エリアは、デパートをはじめ、さまざまなお店が軒を連ねるにぎやかなエリアです。ファッション、飲食、なんでもあり。おみやげ選びにもぴったりです。細い通りに入ると、風情のある町家も残っていて、京都らしさが感じられます。

京都駅からのアクセス

電車：地下鉄烏丸線「四条駅」下車（A）「烏丸御池駅」下車（B）

文化

●おすすめコース **A**

京都の繁華街と台所のにぎわいを満喫する

京の台所・錦市場で食べ歩きを楽しんだり、にぎやかな繁華街・河原町通や新京極通で、おみやげ選びを楽しんだり。京都の真ん中で京都人気分を味わおう。

1-2 時間

地下鉄烏丸線 **四条駅**
→ 徒歩すぐ →
① **四条通**
→ 徒歩5分 →
② **錦市場**
→ 徒歩10分 →
③ **錦天満宮**
→ 徒歩すぐ →
④ **新京極通**
→ 徒歩10分 →
地下鉄東西線 **京都市役所前駅**

文化

●おすすめコース **B**

京都発の文化をキャッチ古くて新しい京都の感動

思わず長居してしまいそうな日本初・日本最大のマンガミュージアムや、感動エンターテイメント「ギア」の舞台など、京都ならではの刺激的な新しい感動に出会えます。

3-4 時間

地下鉄烏丸線 **烏丸御池駅**
→ 徒歩2分 →
① **京都国際マンガミュージアム**
→ 徒歩5分 →
② **三条通（烏丸三条交差点）**
→ 徒歩3分 →
③ **京都文化博物館**
→ 徒歩7分 →
④ **ギア GEAR**
→ 徒歩5分 →
地下鉄東西線 **京都市役所前駅**

◆おみやげスポット

永楽屋細辻伊兵衛商店 四条店
えいらくやほそつじいへえしょうてんしじょうみせ

創業400年以上の老舗綿布商、永楽屋が発信する手ぬぐい専門店です。昭和初期の復刻柄から新柄まで、300種類以上の柄が並びます。ガーゼストールや風呂敷、小物など、新しい感覚のデザインのものがそろいます。

よーじや（大丸京都店）
よーじや（だいまるきょうとてん）

看板商品は、手鏡に京美人が映ったロゴマークが表紙の「あぶらとり紙」。肌ケア商品がたくさん並ぶ、化粧雑貨の人気店です。市内に10店舗以上あり、嵯峨野嵐山店にはゆっくりくつろげるカフェも併設しています。

あぶらとり紙（400円）

☎ 075-222-1622　住 京都市下京区四条通河原町西入ル御旅町34　時 11：00～18：00　休 無休

☎ 075-221-2328　住 京都市下京区四条高倉西入大丸京都店1階　時 10：00～20：00　休 不定休

みどこ3 Pick Up!

Ⓐ① 四条通
しじょうどおり

　京都の市街地の東西幹線道路で、平安京の四条大路とも重なります。特に四条烏丸から四条河原町にかけてのあたりは、デパートや銀行、多くの商業施設などが立ち並び、買い物客などでにぎわう京都の中心的な繁華街となっています。7月の祇園祭のときには、通りに山鉾が立ち並ぶエリアです。四条通の東の端には八坂神社があり、西の端には松尾神社があります。

京都中心部のメインストリート

Ⓐ② 錦市場
にしきいちば

　400年の歴史を誇る、京の台所・錦市場。四条通の一筋北側に位置する錦小路通にあり、約3.3メートルの道幅の両側に約130の店が軒を連ねる、390メートルにも及ぶ商店街です。京都の旬の食材や、

多くの人でにぎわう京の台所

京野菜、京漬物、京豆腐、お惣菜、鮮魚、お茶、お菓子など、さまざまなものが並んでいます。試食や、食べ歩きできるものも多く、お店で食べられるところもあります。

Ⓐ④ 新京極通
しんきょうごくどおり

　新京極通は修学旅行生に人気の買い物スポット。明治時代に作られた東京の浅草に次ぐ古い商店街です。みやげ店、ファッション、映画館などが並ぶにぎやかな通りです。

Ⓑ② 三条通
さんじょうどおり

　鴨川にかかる三条大橋は東海道五十三次の終点。三条通はむかしから重要な通りでした。明治・大正時代に建てられた洋館も多く残り、おしゃれなお店も多い界隈です。

Ⓐ③ 錦天満宮
にしきてんまんぐう

無料

☎ 075-231-5732　🏠京都市中京区新京極通四条上ル中之町537　🕗8:00〜20:00

　にぎやかな繁華街・新京極通にある錦天満宮は、菅原道真公を祀る神社で、知恵・学問・商才の神様として

信仰を集めています。招福・厄除けのご利益でも知られています。境内には四季折々の花が咲き、良質な湧き水が出ています。からくりおみくじや、由緒を説明する紙芝居が人気です。

ビルにめりこんだ
鳥居が有名

KYOTO

20

B① 京都国際マンガミュージアム
中高生 400円

きょうとこくさいまんがみゅーじあむ

☎ 075-254-7414　住京都市中京区烏丸通御池上ル
時10：30〜17：30（最終入館17：00）えむえむワークショップは不定期に開催（平日は5人以上で要予約）
休水曜（祝日の場合は翌日）　料900円、中高生400円、ワークショップは別途必要なものもあり

　マンガの博物館と図書館の機能を併せ持つ文化施設で、約30万点のマンガ資料を所蔵。館内の総延長200mの書架「マン

ガの壁」には約5万冊の単行本が並び、自由に読むことができます。作画、彩色、マンガ制作を学べるワークショップの開催もあります。

マンガがずらりと並ぶ

B③ 京都文化博物館
無料

きょうとぶんかはくぶつかん

☎ 075-222-0888　住京都市中京区三条高倉　時10：00〜19：30、特別展は10：00〜18：00（金曜は〜19：30、入場はいずれも30分前まで）　休月曜（祝日の場合は翌日）
料500円、高校生以下無料　※特別展は別途

　京都の文化と歴史を多方面から紹介する文化施設。総合展示室の「京の至宝と文化」ゾーンでは、京都ゆかりの名品などを紹介しています。辰野金吾らの設計による近代洋風建築の別館（重文・旧日本銀行京都支店）、

別館（重文・旧日本銀行京都支店）

江戸時代末期の京の町家を再現した「ろうじ店舗」も見所です。

B④ ギア GEAR
全席指定 有料

ぎあ

☎ 0120-937-882（075-254-6520）ギア専用劇場
住京都市中京区三条御幸町角 弁慶石町56 1928ビル3階　料全席指定（中高生S席4,800円、A席3,800円）
公演日程・時間はHP要確認

　年齢・国籍を超えて楽しめる、言葉を使わないノンバーバルシアター「ギア」。世界レベルのマイム、ブ

外国人観光客、修学旅行生に人気

レイクダンス、マジック、ジャグリングのパフォーマーと女優が、アクション、音楽、映像などで繰り広げる、90分72席限定の感動エンターテイメントは必見！

◆時間があれば・・・

六角堂（頂法寺）
ろっかくどう（ちょうほうじ）

本堂が六角形の形をしていることから六角堂といわれる聖徳太子創建の寺。いけばなの発祥の地としても知られています。京の都の中心だったことを示す「へそ石」もあります。

☎ 075-221-2686　住京都市中京区六角通東洞院西入堂之前町248　時6：00〜17：00（納経8：30〜）　休無休　料無料

本能寺
ほんのうじ

創建600年を超える法華宗本門流の大本山。天正10（1582）年、織田信長が家臣の明智光秀に討たれた「本能寺の変」で消失し、少し離れた現在地に移されました。

☎ 075-231-5335　住京都市中京区寺町通御池下ル　時6：00〜17：00　休無休　料無料（大寶殿宝物館は別途500円、修学旅行生200円）

祇園・清水寺周辺

ぎおん・きよみずでら

京都駅からの
アクセス

バス：市バス100ま
たは206系統「祇園」
下車。清水寺へは「五
条坂」下車

京都観光の定番スポットとして絶大な人気の清水寺。雰囲気たっぷりの二年坂・産寧坂、ねねの道や石塀小路など、歩くだけではんなりとした京情緒が味わえます。歴史ある寺社やみやげもの店も多く、絶好の散策コース。舞妓さんが行き交う祇園も、京都らしい風情を満喫できるおすすめエリアです。

●おすすめコース A
京情緒あふれる寺院で願いをこめてお参りする

京都最古の禅寺、縁切り寺、秀吉ゆかりの高台寺とめぐり、石畳の坂道を上がって京都観光の王道・清水寺へ。六波羅蜜寺の空也上人にも会いに行こう。

 4〜5時間

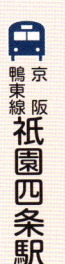 京阪鴨東線 祇園四条駅 → 徒歩10分 → ① 建仁寺 → 徒歩5分 → ② 安井金比羅宮 → 徒歩5分 → ③ 高台寺 → 徒歩15分 → ④ 清水寺 → 徒歩15分 → ⑤ 六波羅蜜寺 → 徒歩10分 → 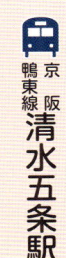 京阪鴨東線 清水五条駅

●おすすめコース B
京都らしい石畳の道を清水へ祇園をよぎる

石畳の道と京町家が軒を並べる祇園白川。白川沿いには枝垂れ桜の並木が続き、春は見事な光景です。知恩院、円山公園、八坂神社と祇園をめぐりましょう。

3〜4時間

京阪鴨東線 祇園四条駅 → 徒歩5分 → ① 祇園白川 → 徒歩10分 → ② 知恩院 → 徒歩5分 → ③ 円山公園 → 徒歩5分 → ④ 八坂神社 → 徒歩20分 → ⑤ 清水寺 → 徒歩20分 → 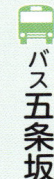 バス五条坂

Check Point!

舞妓さんって何をしている人？

華やかな着物にだらりの帯、自分の髪で結いあげた日本髪、おこぼといわれる高いはきものをはいた舞妓さんは、京都の伝統を受け継ぐ象徴的な存在です。祇園甲部・宮川町・先斗町・上七軒・祇園東の5つの花街で、唄や踊り、三味線などの芸事で、宴席に興を添えることを仕事としています。舞妓は芸妓になる前の見習いの期間で、昼間は芸事や作法の厳しい稽古をして、夜はお座敷に出ています。

◆ おみやげスポット

原了郭
はらりょうかく

原了郭の黒七味は、祇園で人気のおみやげの一つ。創業貞享2年、一子相伝で受け継がれた秘伝の味は、厳選した白ごま、唐辛子、山椒、青のり、けしの実、黒ごま、おの実を原料として丁寧に作られています。

黒七味木筒（1,210円）

☎ 075-561-2732 住京都市東山区祇園町北側267 時10：00〜18：00 休無休

A① 建仁寺
けんにんじ

中高生 **300**円

☎ 075-561-6363　住京都市東山区大和大路通四条下ル小松町
時 10:00 〜 17:00（受付は 30 分前まで）　休 4 月 19・20 日、6 月 4・5 日他　料 600 円、中高生 300 円

情緒のある祇園の花見小路を南に進んだ突き当たりに、建仁 2（1202）年に栄西禅師によって創建された京都最古の禅寺、建仁寺があります。建仁寺所蔵の、俵屋宗達の傑作・風神雷神図屏風は、現在京都国立博物館に保管されていますが、本坊で複製

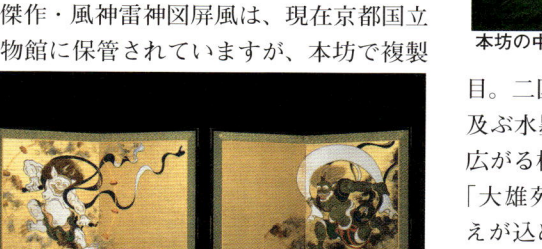
本坊では風神雷神図（国宝）の複製画を展示

本坊の中庭にある潮音庭

屏風画を見ることができます。法堂の天井に描かれた小泉淳作画伯による双龍図にも注目。二匹の龍が描かれた、畳 108 畳分にも及ぶ水墨画は大迫力です。方丈前の白砂が広がる枯山水様式庭園「大雄苑」や、禅の教えが込められた「○△□乃庭」、苔の美しい本坊の中庭「潮音庭」も見どころです。

法堂天井の双龍図

A② 安井金比羅宮
やすいこんぴらぐう

無料

☎ 075-561-5127　住京都市東山区東大路松原上ル下弁天町 70　時休料 終日参拝可（お守り等の授与所は 9：00 〜 17：30、無休、縁切り・縁結び碑の形代は 100 円程度の志納）

あらゆる悪い縁を切り、良縁を結ぶ神社として知られる安井金比羅宮。境内にある巨石「縁切り・縁結び碑」には、さまざまな願い事が書かれた形代（身代わりのお札）がびっしりと貼られ、碑が見えないほどです。人の縁だけでなく、病気や悪い習慣を断つ祈願もできます。

願い事をしながら碑の穴をくぐろう

A③ 高台寺
こうだいじ

中高生 **250**円

☎ 075-561-9966　住京都市東山区高台寺下河原町 526
時 9：00 〜 17：30（受付は 〜 17：00）※特別期間（春・夏・秋）は夜間拝観有　料 600 円、中高生 250 円
※文化体験（茶道・座禅、要予約、詳細は HP 参照）

豊臣秀吉の正室ねね（北政所）が、亡き夫を弔うために開いた寺。霊屋（おたまや）には秀吉とねねの木像が安置され、木像下にはねねが埋葬されています。小堀遠州作、国指定史跡名勝庭園の庭には、伏

ねねが眠る霊屋は必見

見城から移築した茶室や観月台など、桃山文化を伝える建物が配置されています。

清水寺
きよみずでら

Ⓐ④ Ⓑ⑤

中学生/高校生 200/400円

☎ 075-551-1234　住京都市東山区清水 1-294　時 6：00 〜 18：00（季節により変動あり）※随求堂は 9：00 〜 16：00（受付終了）　料 400 円、中学生 200 円、高校生 400 円、随求堂は別途 100 円（小学生以上）

「清水の舞台から飛び降りる」という言葉でも知られる、京都観光の代表的な人気スポット清水寺。本尊は 33 年に一度開帳される秘仏の十一面千手観音で、奈良時代にはじまる観音信仰の寺院です。本堂からせり出した舞台の高さは約 13m。ビルの 4 階の高さです。釘を 1 本も使わずに組みあげた「懸造り」といわれる伝統工法で造られています。舞台の下の谷は「錦雲渓」と呼ばれ、紅葉や桜の名所として有名です。随求堂の「胎内めぐり」も人気です。大随求菩薩の胎

清水寺の名前の由来にもなった音羽の滝　<提供　清水寺>

清水寺の正門「仁王門」　<提供　清水寺>

内に見立てた真っ暗なお堂の下を、壁に巡らされた数珠を頼りに歩き、最後に願いごとをします。

随求堂の胎内めぐりも忘れず体験したい　<提供　清水寺>

六波羅蜜寺
ろくはらみつじ

Ⓐ⑤

無料

☎ 075-561-6980　住京都市東山区五条通大和大路上ル東
時 8：00 〜 17：00（宝物館は 8：30 〜、受付は〜 16：30）
料 無料（宝物館は 600 円、中高生 500 円）

応和 3（963）年、醍醐天皇の第二皇子空也上人が開いた寺。宝物館に安置されている、上人自ら刻んだといわれる国宝の十一面観音像や、念仏を唱える口から六体の阿弥陀仏が現れたという伝承を現した空也上人立像は必見です。平安・鎌倉時代の優れた彫刻が多く安置されています。

本堂

◆おみやげスポット

みなとや幽霊子育飴本舗
みなとやゆうれいこそだてあめほんぽ

昔、亡くなって幽霊となった母親が、この世に残した赤子を育てるために、夜な夜な買い求めに来たと伝わる「幽霊子育飴」。母の深い愛情で赤子の命をつないだ飴は、500 年以上続く飴屋で、現在も昔ながらの製法で手づくりされています。幽霊子育飴 80g 300 円、160g 500 円。宇治茶各種 500 円。

☎ 075-561-0321　住京都市東山区松原通大和大路東入 2 丁目轆轤町 80-1　時 10：00 〜 16：00
休無休

KYOTO

B1 祇園白川
ぎおんしらかわ

美しい白川が流れ、京都らしい町並みと石畳の道が続く祇園白川は、テレビドラマの舞台としてもよく登場する、京情緒を満喫できるエリアです。春には桜並木が見事です。

花見小路
はなみこうじ

♠時間があれば・・・

祇園の中心にある風情あふれる石畳の通りで、料亭やお茶屋さんが並び、夜になるとお座敷に向かう舞妓さんが歩く姿も見られます。花見小路の南に建仁寺があります。

B2 知恩院
ちおんいん

無料

☎ 075-531-2111　住京都市東山区林下町400　時9:00〜16:30（受付は〜16:00）料参拝自由（友禅苑・方丈庭園は共通券500円、中学生250円）

法然上人が開いた浄土宗の総本山。元和7（1621）年に徳川秀忠の命で建立された三門は、現存する木造建築として日本最大級の二重門です。除夜の鐘で知られる、17人がかりで独特の撞き方をする大鐘（重さ約70トン）も日本最大級。知恩院に伝わる七不思議の展示ブースも必見です。

国宝の三門は横幅50mの大スケール

B4 八坂神社
やさかじんじゃ

無料

☎ 075-561-6155　住京都市東山区祇園町北側625　時参拝自由（お守り授与所は9:00〜17:00頃）

四条通の東の突き当たりにある八坂神社は、全国に2千以上ある祇園社の総本社で、地元の人から「祇園さん」と呼ばれ親しまれています。7世紀頃に建てられた古い神社で、スサノヲノミコトとクシイナダヒメノミコト、ヤハシラノミコガミを祀っています。平安時代に疫病退散を祈願してはじまった「祇園祭」はこの神社のお祭りで、日本三大祭りの一つ。現在も7月1カ月間にわたってさまざまな神事が行われ、京都の夏の風物詩となっています。境内にある財福・芸能・美貌の神様を祀った美御前社も人気。社殿前には、肌につけると美人になるといわれる湧き水「美容水」もあります。

国宝の本殿

四条通の突き当たりに建つ楼門

美御前社

B3 円山公園
まるやまこうえん

住 京都市東山区円山町

背後に東山をのぞむ池

坂本龍馬・中岡慎太郎像

明治19年に誕生した京都で最も古い公園で、八坂神社、高台寺、知恩院の境内地に隣接する、自然の丘陵を利用した緑豊かな公園です。有名な枝垂桜をはじめ、桜の名所としても知られています。回遊式日本庭園を中心に、園内には祇園祭の山鉾の倉庫や、坂本龍馬・中岡慎太郎像もあります。

祇園から清水へ歩いてみよう

◆時間があれば・・・

八坂の塔（法観寺）
やさかのとう（ほうかんじ）

八坂神社と清水寺のなかほどにある八坂の塔は、祇園のシンボル的存在。東大路通から八坂の塔に向かって東に入る風情ある坂道は、絶好の写真撮影スポットです。正式名称は法観寺といい、五重塔は室町時代に再建されたものです。古くから八坂の塔と呼ばれ、人々に親しまれています。

二年坂・産寧坂
にねんざか・さんねいざか

清水坂に向かう石段と石畳の道で、平安時代に清水寺の参拝道として作られた通りです。清水寺の子安塔に安産祈願に通う道だったことから、三年坂は「産寧坂」ともよばれます。通りの両側にみやげもの店が並び、散策にぴったりの人気のエリアです。

ねねの道
ねねのみち

豊臣秀吉の妻、北政所ねねが余生を過ごした高台寺の西側に、ねねの道と名付けられた通りがあります。寺院や、おしゃれなお店が並ぶ、東山の観光名所をつなぐ京都らしい散策路です。京・洛市「ねね」での買い物もおすすめです。

石塀小路
いしべいこうじ

八坂神社の南楼門から南に進み、細い路地を入る小路。少しわかりにくいですが、迷って行く価値ありの風情のある道です。石畳の両側の町家の基礎部分の石垣が、石塀のように見えることから「石塀小路」と呼ばれます。ねねの道に通じています。

平安神宮周辺

へいあんじんぐう

京都駅からの
アクセス

電車：地下鉄東西線
「東山駅」下車
バス：5または100
系統「岡崎公園　美
術館・平安神宮前」
下車

平安神宮周辺は、平安後期、院政の中心となって文化的にも発展したエリアです。寺社はもちろん、明治以降に建てられた美術館や動物園があり、バラエティーの豊かさも魅力です。まずは、王朝の雅を再現した平安神宮を参拝し、一大カルチャーゾーンを楽しみましょう。

●おすすめコース A

平安京ゆかりの寺社をめぐる

京都を代表する神社のひとつ「平安神宮」。まずは参拝をすませ、その周りにある、法然上人やその弟子である親鸞上人ゆかりの寺院をめぐりましょう。

2〜3時間

バス 岡崎公園美術館・平安神宮前
→ 徒歩5分 →
① 平安神宮
→ 徒歩15分 →
② くろ谷 金戒光明寺
→ 徒歩3分 →
③ 真如堂
→ 徒歩15分 →
バス 岡崎道

文化

●おすすめコース B

個性あふれる美術館で感性を磨こう！

このエリアは、さまざまな美術館が集まる京都一のアートスポットです。個性的な美術館がそろっているので、ぜひ3館ともめぐってみましょう。京都ゆかりの美術品は必見です。

4〜5時間

バス 岡崎公園美術館・平安神宮前
→ 徒歩すぐ →
① 京都国立近代美術館
→ 徒歩3分 →
② 京都市京セラ美術館
→ 徒歩5分 →
③ 平安神宮
→ 徒歩5分 →
④ 細見美術館
→ 徒歩5分 →
バス 岡崎公園美術館・平安神宮前

Check Point!

【 平安神宮の神苑のなかに電車？ 】

日本初の電車として京都電気鉄道が運行した電車。開通時、内国勧業博覧会でも京都駅から会場までを結んでいたそうで、その車両が神苑の一角に。平安神宮の創建とも深く関わっているのでここにあるそうです。2020年に重要文化財に指定されています。

【 うさぎ尽くしの岡﨑神社 】

このエリアには狛犬ならぬ狛うさぎが出迎えてくれる「岡崎神社」があります。本殿前にあるかわいい阿形吽形のうさぎで、右が雄、左が雌。頭をなでることで縁結び・夫婦和合の祈願となります。岡崎神社は平安遷都の際、都の四方に建てられた王城鎮守の社のひとつ。安産の神として信仰が厚く、辺りに生息していた野うさぎは神の使いといわれたそうです。

A B 平安神宮
1 3 へいあんじんぐう

無料

☎ 075-761-0221　住 京都市左京区岡崎西天王町　時 6：00 〜 18：00（季節により異なる、神苑は 8：30 〜 17：30）　料 無料（神苑は高校生以上 600 円、中学生 300 円）

平安時代の京都を彷彿させる、朱塗りの社殿の平安神宮。歴史は意外と新しく明治28（1895）年の創建です。明治維新後、東京に首都が移転したことで京都が衰退、京都復興の一事業として「内国勧業博覧会」を実施しました。そのとき「平安遷都1100年」を記念して建てられたのが平安神宮です。ご祭神は、平安遷都をされた桓武天皇。

東神苑の池にかかる「泰平閣」

その後、平安京での最後の天皇、孝明天皇も一緒に祀られるようになりました。大極殿の奥に広がる神苑は、広大な回遊式庭園。春には桜、夏には花菖蒲、そして秋には紅葉、季節ごとの花や鮮やかな緑を見ながらの散策を楽しめます。

大極殿の東西に「蒼龍楼」「白虎楼」がある

入り口の「応天門」は重要文化財

KYOTO

A くろ谷 金戒光明寺
2 くろたに こんかいこうみょうじ

無料

☎ 075-771-2204　住 京都市左京区黒谷町 121
時 9：00 〜 16：00　料 無料

浄土宗の宗祖として知られる法然上人が、平安末期に開いたお寺です。比叡山を降りた上人が初めて念仏の教えを広めた場所で「黒谷さん」と呼ばれています。三重塔は徳川秀忠の菩提を弔うために建立されました。幕末、京都守護職についた会津藩主・松平容保が本陣を構えたことでも知られています。

春は桜、秋は紅葉が美しい

A 真如堂
3 しんにょどう

無料

☎ 075-771-0915　住 京都市左京区浄土寺真如町 82
時 9：00 〜 15：45　料 無料（庭園・宝物は高校生以上 500 円、中学生 400 円、特別行事を除く）

永観 2（984）年、戒算が比叡山常行堂の本尊・阿弥陀如来をこの地に移して祀ったことに始まるお寺です。正式名は鈴聲山真正極楽寺。浄土宗の宗祖・法然上人や、浄土真宗の宗祖・親鸞上人も訪れていて、民衆にも厚く信仰されました。近年は紅葉の名所としても名高く、シーズンは多くの人でにぎわいます。

本堂からの三重塔

大文字山からの三重塔

B① 京都国立近代美術館
きょうとこくりつきんだいびじゅつかん

無料

☎ 075-761-4111　住京都市左京区岡崎円勝寺町　時10：00～18：00（企画展開催時の金曜は～20：00、入館は閉館の30分前まで）　休月曜（祝日の場合は翌日）　料コレクション・ギャラリー 430円、高校生以下無料（企画展は別途）

　全国に7館しかない国立美術館のひとつ。上村松園や竹内栖鳳ら京都に関連する近代作家の作品を中心に約13,000点もの美術品を収蔵しています。また、芝川照吉コレクションや川勝コレクションなど、コレクターや作家などの旧蔵作品を一括して収集している点も特徴です。

外観（撮影：四方邦熙）

4Fコレクション・ギャラリー（撮影：河田憲政）

B② 京都市京セラ美術館
きょうとしきょうせらびじゅつかん

中高生 300円

☎ 075-771-4334　住京都市左京区岡崎円勝寺町124　時10：00～18：00（入館は～17：30）　休月曜（祝日の場合は開館）　料コレクションルーム 730円、小中高生 300円　※京都市在住者は異なる

　昭和8（1933）年に、日本で二番目の大規模公立美術館として設立された京都市美術館が新たな通称を得て2020年にリニューアルオープン。現代の表現に焦点を当てる新館「東山キューブ」や新進作家を支援する「ザ・トライアングル」を新設しました。

撮影：来田猛

B④ 細見美術館
ほそみびじゅつかん

展示内容により異なる

☎ 075-752-5555　住京都市左京区岡崎最勝寺町6-3　時10：00～17：00（入館は～16：30、茶室は11：00～16：00）　休月曜（祝日の場合は翌日）　料展示内容により異なる

　実業家の細見家が三代に渡って集めた日本の古代から近代までの古美術品を約1,000点を収蔵する美術館。このコレクションを中心に常設は設けず、四季折々の企画で展覧会を開催。館内にはショップやカフェ、3階には茶室があり、茶の湯体験ができます（要予約）。

建物は櫛目引きの外壁が特徴

茶室「古香庵」

ひといきスポット

すりながしスタンド だしとうまみ

　スープ感覚で楽しめる「飲む和食」は、野菜たっぷりで小腹がすいたときにぴったり。ていねいに取られただしとこだわりの素材で、本格的な和食の味を気軽に味わえます。イートインも、テイクアウトもOK。すりながし（とうもろこし、かぼちゃ、枝豆、紫芋）各660円（テイクアウト648円）。

ワンハンドで手軽に楽しめる

☎ 075-761-0133　住京都市左京区聖護院円頓美町17 京都ハンディクラフトセンター東館2階　時11：00～17：00（16：30LO）　休不定休

御所周辺

ごしょ

京都の中心部にある緑豊かな京都御苑の中に、明治時代まで天皇が住まいとしていた御所があります。2016年から通年一般公開が始まった必見のスポット。京都御苑には9つの門から出入りでき、地下鉄今出川駅と丸太町駅が最寄りの駅。周辺には由緒ある社寺や老舗が多く、落ち着いた町並みが続きます。

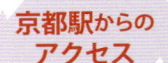

京都駅からのアクセス

電車：地下鉄烏丸線「今出川駅」、「丸太町駅」下車

KYOTO

歴史

●おすすめコースA

京都御苑の自然と宮中の雅・御所を参観

京都御所の参観は事前申し込み不要。御所の清所門からの入場受付なので、今出川駅からが便利。京都御苑の自然の中をのんびり散歩して、御所の空気を満喫しましょう。

2-3時間

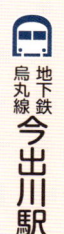

地下鉄烏丸線 **今出川駅** → 徒歩すぐ → **① 京都御苑** → 徒歩5分 → **② 京都御所** → 徒歩5分 → **③ 廬山寺** → 徒歩15分 → 京阪鴨東線 **出町柳駅**

文化

●おすすめコースB

京都の伝統を学び体験する資料館めぐり

京都御苑周辺には、京菓子や伝統工芸の老舗が集まっています。京都に根付く、さまざまな文化や技術を学べる資料館も充実。京都の奥の深さを味わえます。

2-3時間

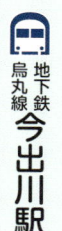

地下鉄烏丸線 **今出川駅** → 徒歩5分 → **① 京菓子資料館** → 徒歩15分 → **② 安達くみひも館** → 徒歩15分 → **③ 京都市歴史資料館** → 徒歩5分 → **④ 島津製作所創業記念資料館** → 徒歩3分 → 地下鉄烏丸線 **京都市役所前駅**

Check Point!

「くみひも」って何だろう？

糸と糸を組み合わせて作るくみひもの技術は、奈良時代に唐から伝わりました。平安時代より冠の緒や巻物、武具や茶道具などに使われ、現在では羽織紐や帯締めが有名です。基本的な組み方だけで約40種類以上あるといわれています。

豊かな色彩と艶のある「くみひも」

◆おみやげスポット

出町ふたば
でまちふたば

売り切れ必至の豆餅

いつも行列が絶えない大人気の老舗和菓子店。名物の「名代豆餅」（1個220円）は、つきたての餅でこしあんと赤えんどう豆を包んだ絶品です。春の桜餅、夏の水無月など、季節を感じられる和菓子も好評です（電話予約可）。

☎ 075-231-1658 住 京都市上京区出町通今出川上ル青龍町236 時 8：30〜17：30 休 火曜・第4水曜（祝日の場合は翌日）

A① 京都御苑
きょうとぎょえん

 無料

☎ 075-211-6348（環境省京都御苑管理事務所）住 京都市上京区京都御苑 時 入苑自由（展示室は 9:00～16:30、月曜休、入館無料）

京都御苑は、京都御所を囲む約 65ha の公園です。京都御所と御苑を合わせて「御所」とよばれることもあります。9 カ所の門と 6 カ所の切り通しから、いつでも自由に入ることができます。

苑内には約 5 万本の樹林が茂り、春は梅や桜、秋は紅葉の名所としても有名です。森や小川には 100 種類以上の野鳥が確認されていて、豊かな自然とのふれあいが楽し

秋は紅葉が美しい

近衛邸跡のしだれ桜

めます。公家屋敷跡や庭園など、歴史的な遺構も点在。江戸時代の四親王家のひとつ閑院宮邸跡には、京都御苑の歴史と自然についての展示室があります。約 10 分のミニガイド（11:00～、15:00～）も行われています。

（写真提供：環境省京都御苑管理事務所）

A② 京都御所
きょうとごしょ

 無料

☎ 075-211-1215（宮内庁京都事務所参観係）住 京都市上京区京都御苑 3 時 9:00～16:00（入場は～15:20）※季節により時間変更あり 休 月曜（祝日の場合は翌日）、行事等による休みあり

築地塀で囲まれた南北約 450m、東西約 250m、面積約 11 万 ㎡ の京都御所は、明治 2（1869）年に東京遷都されるまで、天皇の住まいでした。2016 年 7 月より申し込み手続き不要で通年公開されるようになり、清所門から入って手荷物検査を受けると参観可能。明治・大正・昭和天皇の即位礼などが行われた御所の正殿「紫宸殿」や、

御池庭 さまざまな景色を楽しめる

「清涼殿」などかつての天皇の過ごした建物が見られます。寝殿造り、書院造りなどの建築様式が調和された殿舎、池泉回遊式の美しい御池庭も必見です。

優雅な姿の紫宸殿

御所の中で最も大きな御常御殿

（写真提供：宮内庁京都事務所）

KYOTO

A ③ 廬山寺
ろざんじ

中学生/高校生
400/500 円

☎ 075-231-0355　住京都市上京区寺町通広小路上ル北之辺町 397　時 9：00〜16：00（写経は〜15：00）　料 500 円、中学生 400 円、写経は別途 500 円

桔梗が美しい天台圓浄宗の寺院。境内は、平安時代に源氏物語を執筆した紫式部の邸宅跡にあたり、境内には「源氏庭」とよばれる白川砂と苔の庭園があります。

B ③ 京都市歴史資料館
きょうとしれきししりょうかん

無料

☎ 075-241-4312　住京都市上京区寺町通荒神口下ル松蔭町 138-1　時 9：00〜17：00　休月曜、祝日　料無料

京都の歴史をわかりやすく紹介する資料館。古文書・絵図などを特別展やテーマ展を通じて紹介するほか、所蔵されている図書・史料の写真版の閲覧ができます。

B ② 安達くみひも館
あだちくみひもかん

中学生/高校生
300/500 円

☎ 075-432-4113　住京都市上京区出水通烏丸西入ル中出水町 390　時 9：00〜16：00　休不定休　料 500 円、中学生 300 円、くみひも体験は 1 時間 2,300 円〜（入館料込・要予約）

平安時代から受け継がれる伝統工芸、京くみひもについて学べる施設です。くみひもに関する道具や資料のほか、人間国宝のくみひも職人十三世深見重助氏の作品も展示しています。くみひも体験教室では、ストラップやブレスレットなどを約 1 時間で作ることができます。

京くみひもの伝統を伝える展示

B ① 京菓子資料館
きょうがししりょうかん

無料

☎ 075-432-3101　住京都市上京区烏丸通上立売上ル　時 10：00〜17：00（入館は〜16：30、16：00LO）　休水・木曜　料無料（抹茶とお菓子 700 円）

京菓子の老舗「俵屋吉富」が開いた京菓子文化の資料館。京菓子に関する模型や資料を展示し、

椅子席仕様の茶席「祥雲軒」

和菓子の歴史をわかりやすく紹介しています。お呈茶席「祥雲軒」では、お抹茶と生菓子を食べることもできます。お抹茶体験学習、菓子教室なども開催しています（要相談）。

和菓子の歩みが学べる展示室

B ④ 島津製作所 創業記念資料館
しまづせいさくしょそうぎょうきねんしりょうかん

中高生
200 円

☎ 075-255-0980　住京都市中京区木屋町二条南　時 9：30〜17：00（入館は〜16：30）　休水曜（祝日の場合は開館）　料 300 円、中高生 200 円　※土日・祝日の開館状況は HP 要確認

創業 140 年を超える島津製作所が製造してきた、理化学器械や X 線装置などを展示する資料館。島津製作

医療用 X 線装置ダイアナ号

所社員で、ノーベル賞受賞者の田中耕一さんの技術紹介コーナーもあり、日本の科学技術の発展の歴史を学ぶことができます。おもしろ実験コーナーも楽しめます。

実験コーナー

（写真提供：島津製作所 創業記念資料館）

二条城周辺

にじょうじょう

豪華絢爛な桃山文化の宝庫・二条城は徳川家康により築城され、15代将軍徳川慶喜の大政奉還の舞台にもなったところです。周囲を堀に囲まれた堂々たる姿は、徳川家の栄華を今に伝えています。壬生寺周辺のエリアは、「誠」の文字を掲げ幕末の動乱期を駆け抜けた新選組のゆかりの地。史跡が点在しています。

京都駅からのアクセス

電車：地下鉄烏丸線・東西線を乗り継いで「二条城前駅」下車（A）

バス：市バス9・50・101系統「二条城前」下車（A）、市バス26・28・206系統「四条大宮」下車（B）

KYOTO

歴史
●おすすめコース **A**

徳川の栄枯盛衰を伝える 歴史の大舞台二条城へ

御殿、庭園、唐門など見どころの多い二条城。国宝二の丸御殿の狩野派の襖絵も必見です。神泉苑では平安京の雅を感じ、御金神社でご利益を祈願しましょう。

2-3 時間

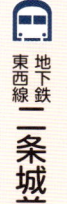
地下鉄東西線 **二条城前駅**
→ 徒歩2分 →
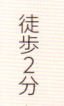
① 二条城
→ 徒歩5分 →

② 神泉苑
→ 徒歩10分 →

③ 御金神社
→ 徒歩5分 →

地下鉄東西線 **二条城前駅**

歴史
●おすすめコース **B**

幕末を駆け抜けた新選組 ゆかりの壬生の町を歩く

新選組発祥の地「八木家」や、隊士たちの墓がある「壬生寺」など、新選組の息遣いが感じられるような史跡が点在する壬生エリア。幕末ファンは要チェックです。

1-2 時間

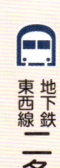
阪急京都線 **大宮駅**
→ 徒歩10分 →

① 壬生寺
→ 徒歩2分 →
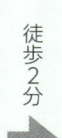
② 八木家
→ 徒歩5分 →

③ 光縁寺
→ 徒歩3分 →
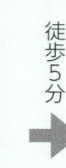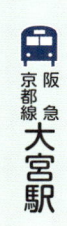
阪急京都線 **大宮駅**

Check Point!

新選組って？

新選組は、江戸時代末期の京都で、反幕府勢力を取り締まり、町の治安を守るための警察部隊でした。14代将軍徳川家茂の上洛に伴う警護のために集められた浪士隊が元となって、近藤勇、土方歳三らが壬生で結成しました。当時、壬生の八木邸、前川邸、南部邸の3ヵ所が屯所（隊士たちの駐在所）とされましたが、現在も新選組の本拠地だった八木邸と、前川邸が当時のまま残っています。

♥ひといきスポット
格子家
こうしや

二条城南門前にある格子家は、昔なつかしい「京駄菓子」が所せましと並ぶ駄菓子屋さんです。京都らしい町家ののれんをくぐると、ノスタルジックな空間が広がります。井戸で冷やされたラムネも見逃せません。

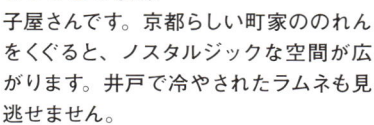
風情ある町家を利用した店舗

☎ 075-841-4464　🏠京都市中京区大宮通押小路角市之町180　🕐11：00〜18：00　休不定休

A① 二条城
にじょうじょう

中高生 400円

☎ 075-841-0096　住 京都市中京区二条通堀川西入二条城町541　時 8：45～16：00（閉城17：00）　休 12/29～31 二の丸御殿内の観覧休止日については要確認　料 1,300円、中高生 400円（二の丸御殿観覧料含む）

KYOTO

　慶長8（1603）年に徳川家康が京都御所の守護と将軍上洛の際の宿泊所として築城。幕末には15代将軍徳川慶喜が大政奉還の意思を表明した歴史的舞台として知られる二条城は、徳川幕府の京都の拠点でした。広大な城内には、江戸時代の武家風書院造りを代表する国宝二の丸御殿と、旧桂宮を移築した本丸御殿があります。豪壮な

国宝 二の丸御殿（写真提供／元離宮二条城事務所）

大政奉還も発表された大広間一の間・二の間

　二の丸御殿の建築や装飾、狩野派による3,600面あまりの障壁画は必見。徳川時代の栄華を感じることができます。二の丸庭園、本丸庭園、清流園の趣が違う3つの庭園も見どころです。

二の丸庭園
※本丸御殿は修復工事中につき観覧不可

A② 神泉苑
しんせんえん

無料

☎ 075-821-1466　住 京都市中京区門前町167　時 7：00～20：00　休 無休

　平安京の造営とともにつくられた宮中附属の禁苑。天皇や公家たちが、大きな池に船を浮かべて管弦の宴を催していたといわれ、御池通りの名前の由来にもなっています。平安時代に疫病が流行し、原因の御霊を鎮めるために神泉苑で御霊会が行われたのが、祇園祭のはじまりといわれています。

弘法大師が雨乞いをしたことで知られる法成就池

A③ 御金神社
みかねじんじゃ

無料

☎ 075-222-2062　住 京都市中京区西洞院通御池上ル押西洞院町614　時 参拝自由（社務所10：00～16：00）

　黄金に輝く鳥居が出迎えてくれる御金神社は、金運アップ、招福のご利益がある開運スポットとして知られ、多くの参拝者が

金運のご利益があると人気

訪れます。金属・鉱物の神様、金山毘古命が祀られていることから、お金の神様として親しまれています。境内には、繁栄・発展・不老長寿の象徴とされてきた、樹齢200年を超える御神木の銀杏があります。

B① 壬生寺 みぶでら

無料

☎ 075-841-3381 　住京都市中京区坊城仏光寺北入ル
時9:00〜16:00 　料無料（阿弥陀堂内参拝300円）

地蔵菩薩立像を本尊とする律宗の寺院

平安時代に京都の裏鬼門に建立された、幕末の新選組ゆかりの寺です。境内の壬生塚には、新選組隊士11人の墓などが祀られています。壬生寺境内は、かつて新選組の兵法調練場として使われ、武芸や大砲の訓練などが行われていました。鎌倉時代に壬生寺を興隆した円覚上人が、布教のために創始した壬生狂言も有名。仮面をつけた演者が身ぶり手ぶりで演じる無言劇は、古くから「壬

近藤勇の胸像が立つ壬生塚

生のカンデンデン」と親しまれ、国の重要無形民俗文化財の指定を受けています。壬生狂言や新選組について学べる資料室もあり、阿弥陀堂ではオリジナルの新選組グッズも販売しています。

新選組の訓練の場として使用された境内

壬生寺の絵馬
800円

B② 八木家 やぎけ

中高生 600円

☎ 075-841-0751 　住京都市中京区壬生梛ノ宮町24
時9:00〜17:00（最終受付は〜16:00） 　休不定休 　料1,100円（ガイド・屯所餅・抹茶付）、中高生の拝観のみは600円

八木家は室町時代から続く壬生の旧家です。幕末に将軍家茂の警護のために上洛した近藤勇、土方歳三、沖田総司らの宿舎となり、その後誕生した新選組の旧壬生屯所として知られています。幕末期のままの建物が残り、奥座敷には、芹澤鴨が新選組の内部抗争で暗殺された際の刀傷が見られます。

新選組誕生の地、八木邸

当時のままの屋敷が残る

B③ 光縁寺 こうえんじ

墓参料 100円

☎ 075-811-0883 　住京都市下京区綾小路通大宮西入ル 　時9:00〜17:00 　料墓参料100円

17世紀の初め頃に創建された浄土宗の寺院です。寺の近くに新選組の馬屋があったことや、新選組副隊長山南敬助の家紋と寺の紋が同じであったことから、当時の住職と山南敬助らの親交が深かったといわれています。その縁で、山南敬助をはじめ、屯所で切腹した隊士らが埋葬されています。

隊士たちが眠る光縁寺

西陣

にしじん

伝統的な織物の町、西陣。1200年を超える歴史を持つ、雅な西陣織の伝統を感じられるエリアです。由緒ある史跡や名所も多く、静かな町並みはゆっくり散策するのにぴったりです。

京都駅からのアクセス

電車：地下鉄烏丸線「今出川駅」下車
バス：市バス9・101系統「堀川今出川」下車

KYOTO

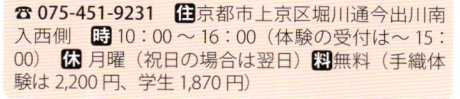

② 西陣織会館
にしじんおりかいかん

無料
体験は有料

☎075-451-9231　住京都市上京区堀川通今出川南入西側　時10:00〜16:00（体験の受付は〜15:00）　休月曜（祝日の場合は翌日）　料無料（手織体験は2,200円、学生1,870円）

西陣織や絹糸について学べる史料室があり、職人による手織の実演も見学できます。伝統にふれる体験メニューも豊富（P.129）。

約40分の手織体験

④ 織成舘
おりなすかん

中高生
350円

☎075-431-0020　住京都市上京区浄福寺通上立売上ル大黒町693　時10:00〜16:00（手織体験は10:00〜と13:00〜の1日2回）　休月曜　料500円、中高生350円、手織体験は5,000円

西陣の伝統的な家屋「織屋建」をいかした博物館。全国の手織物や時代衣装を鑑賞でき、約3時間の手織体験（要予約）や工場見学もできます。

本物とふれあえる手織ミュージアム

文化

2-3 時間

● おすすめコース

パワースポットめぐりと西陣織の町で織物体験！

昔ながらの町並みに機織りの音が響く西陣。伝統工芸を体験する施設で、美しい織物の魅力を体感したり、晴明神社や白峯神宮などご利益めぐりができます。

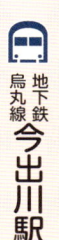
地下鉄烏丸線 今出川駅

→ 徒歩8分

① 白峯神宮

→ 徒歩8分

② 西陣織会館

→ 徒歩3分

③ 晴明神社

→ 徒歩15分

④ 織成舘

→ 徒歩25分

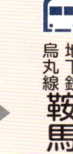
地下鉄烏丸線 鞍馬口駅

晴明神社
③ せいめいじんじゃ

 無料

☎ 075-441-6460　住 京都市上京区晴明町 806（堀川通一条上ル）　時 9：00 〜 17：00　休 参拝自由　料 無料

平安時代の陰陽師・安倍晴明が祀られている神社。魔除け、厄除けのご利益があると有名です。境内には社紋の五芒星が至るところに施されています。病気平癒のご利益があるといわれる、晴明が念力で湧出させた井戸「晴明井」は必見。お守りや参拝記念品、修学旅行生限定のガイドや千社札がもらえるおみくじ（100円）が大人気です。

晴明公を祀った本殿

晴明井

勝守（かつまもり）
800円

白峯神宮
① しらみねじんぐう

 無料

☎ 075-441-3810　住 京都市上京区飛鳥井町 261　時 8：00 〜 16：30　休 無休

あらゆるスポーツの守護神として信仰される白峯神宮。まりの神様「精大明神」が祀られ、サッカーをはじめ球技の公式球が奉納されています。全国唯一の「闘魂守」が人気。学業成就のご利益もあります。

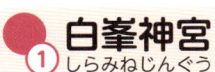
蹴鞠の宗家の邸宅跡に建つ

「闘魂守」

♥ ひといきスポット

さらさ西陣
さらさにしじん

築80年の銭湯を改修したノスタルジックな雰囲気のカフェです。天井が高く、壁一面に色鮮やかな和製マジョリカタイルが貼られた店内は、まるで映画「千と千尋の神隠し」のような世界観。日替わりランチや季節のスイーツを楽しめます。

銭湯の名残が残る

☎ 075-432-5075　住 京都市北区紫野東藤ノ森町 11-1　時 11：30 〜 21：00（金・土曜は〜 22：00）　休 水曜

哲学の道

てつがくのみち

自然豊かな東山のふもとに、紅葉の名所・南禅寺や永観堂、銀閣寺など有名な寺院が集まっています。「哲学の道」は、日本の道100選に含まれる美しい散歩コースです。時間に余裕があれば、インクラインから哲学の道へと両コースをめぐりましょう。

京都駅からのアクセス

電車：地下鉄東西線「蹴上駅」下車
バス：市バス5系統「南禅寺永観堂道」または「東天王町」下車

歴史

●おすすめコース **A**

琵琶湖疏水のレトロな遺産と紅葉の名所をめぐる

琵琶湖疏水の遺産であるインクラインや水路閣、南禅寺から永観堂へのルートは、東山観光の定番中の定番。南禅寺では建物と庭園美を楽しみましょう。

2〜3時間

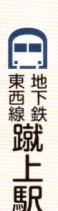
地下鉄東西線 蹴上駅 → 徒歩10分 → ① 蹴上インクライン → 徒歩5分 → ② 金地院 → 徒歩2分 → ③ 南禅寺 → 徒歩10分 → ④ 永観堂 → 徒歩10分 → バス南禅寺・永観堂道

歴史

●おすすめコース **B**

先人の思いに心を寄せ水辺の散歩道を歩く

四季の自然が楽しめる水路沿いを散策しながら、社寺めぐりができる「哲学の道」。起点である熊野若王子神社から散策しながら銀閣寺をめざします。

2〜3時間

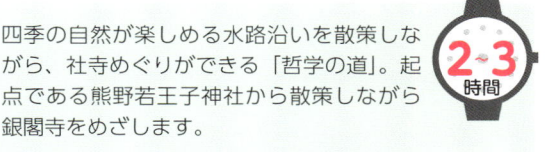
バス東天王町 → 徒歩10分 → ① 熊野若王子神社 → 徒歩7分 → ② 大豊神社 → 徒歩10分 → ③ 哲学の道（石碑） → 徒歩5分 → ④ 法然院 → 徒歩10分 → ⑤ 銀閣寺 → 徒歩10分 → バス銀閣寺前

Ⓐ① 蹴上インクライン
けあげいんくらいん

琵琶湖疏水は、琵琶湖の水を生活用水として京都に運ぶほか、水路を使い近江地方から京都への物資の輸送路としても発達しました。インクラインは、船が登れない急な坂を貨車で運び上げるために造られ、かつては台車に乗った船が往来していました。南禅寺参道近くには、使われなくなった線路と台車、船が展示されています。

現在は線路跡が散歩道になっている。春は桜の名所

Ⓐ② 金地院
こんちいん

中高生 **400**円

☎ 075-771-3511　住京都市左京区南禅寺福地町86-12　時8：30〜17：00　料400円（八窓席は別途700円・要予約）

徳川家康に重用された以心崇伝が、家康の命を受け南禅寺塔頭として創建したお寺。南禅寺の塔頭のひとつです。小堀遠州作の枯山水庭園「鶴亀の庭」は国の特別名勝に指定され、その図面は今もなお残っています。また茶室「八窓席」は、重要文化財に指定され「京都三名席」に数えられています。

A③ 南禅寺 なんぜんじ 〔無料〕

☎ 075-771-0365 住 京都市左京区南禅寺福地町 時 8：40〜17：00（12〜2月は〜16：30、最終受付は閉門20分前まで）料 無料（方丈庭園・三門は各500円、中学生各300円、高校生各400円、南禅院は300円、中学生150円、高校生200円）

禅宗の臨済宗南禅寺派の大本山です。1264年、亀山天皇が山水明媚なこの地を愛し、離宮禅林寺殿を造営されました。室町時代は隆盛を極め「五山之上」に列せられました。南禅寺といえば、有名なのが三門。門の柱で仕切られた四角から見える景色が一つの額のようで、四季によりさまざまな表情を見せてくれます。方丈庭園は、小堀遠州作の代表的な枯山水の庭園です。巨石の姿から「虎の子渡し」と呼ばれています。風格ある水路閣も静かな東山の風景になじんでいます。

古代ローマ風の
レンガ造りの水路閣

大小の石を、川を渡る親子の虎に見立てた方丈庭園

日本三大門の一つ「三門」

A④ 永観堂 えいかんどう 〔中高生 400円〕

☎ 075-761-0007 住 京都市左京区永観堂町48 時 9：00〜17：00（受付は〜16：00）料 600円（11月上旬〜12月上旬の寺宝展は1,000円）、中高生400円

「もみじの永観堂」として全国的にも名高い寺院。本尊「みかえり阿弥陀如来」は、首を左にかしげ、振り向いているという大変珍しいスタイルで、一度見たら忘れられません。仏像だけでなく、襖絵や庭の美しさ、建築様式のすばらしさなど、紅葉以外の季節でも十分楽しめます。

桃山時代の金碧障壁画の傑作を見ることができる

ひといきスポット

日の出うどん ひのでうどん

ふっくらやさしい食感の京うどんを、気さくな雰囲気の店内で味わえる庶民的なお店。半数以上のお客さんが注文するという「カレーうどん」は、じっくりとったカツオだしと厳選したルーが絶妙に溶け合ってうどんに絡みます。観光客から地元の常連さんまで人気の店。

具だくさんで大満足のカレーうどん 1,000円

☎ 075-751-9251 住 京都市左京区南禅寺北ノ坊町36 時 11：00〜15：00（売り切れ次第閉店）休 日曜、不定休

KYOTO

B1 熊野若王子神社
くまのにゃくおうじじんじゃ

☎ 075-771-7420　住 京都市左京区若王子町 2
時 参拝自由

　哲学の道の起点・若王子橋の近くにある神社。1160 年後白河法皇が、熊野権現をこの地に移して祀ったのが始まり。熊野神社・新熊野（いまくまの）神社とともに京都三熊野神社のひとつとして信仰を集めています。絵馬やご朱印帳にも描かれている、八咫烏（やたがらす）が梛の葉をくわえているマークが、この神社のシンボルです。

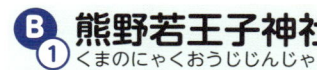

御神木の梛
（なぎ）は
樹齢 400 年

B3 哲学の道
てつがくのみち

　熊野若王子神社の前から銀閣寺まで琵琶湖疏水に沿ってのびる約 1.5km の小路です。哲学者の西田幾多郎が散策しながら思索にふ

季節の花も楽しめる小路

けったのが道の名の由来です。春は桜のト

ンネル、秋には疎水に紅葉が散り、四季を通して風情ある景色が楽しめます。周辺に見どころが多い、大人気の散策コースです。

西田が詠んだ歌の石碑

B2 大豊神社
おおとよじんじゃ

☎ 075-771-1351　住 京都市左京区鹿ヶ谷宮ノ前町 1
時 参拝自由

　887（仁和 3）年、宇多天皇の病気平癒を願う勅願社として創建されました。朝廷はもちろん、一帯の産土の神として信仰を集めました。境内にはかわいい狛ねずみのほか、狛鳶、狛猿、狛狐、狛巳が出迎えます。

B4 法然院
ほうねんいん

☎ 075-771-2420　住 京都市左京区鹿ヶ谷御所ノ段町
30　時 6：00 〜 16：00

　浄土宗を開いた法然上人の念仏道場の跡地と伝わる寺院。静かな境内と庭園の美しさで、多くの文化人にも愛されてきました。境内は、紅葉で美しく色づき、3 〜 4 月に見ごろを迎える様々な椿も有名です。

B5 銀閣寺
ぎんかくじ

中学生／高校生
300/500 円

☎ 075-771-5725　住 京都市左京区銀閣寺町 2
時 8：30 〜 17：00（12 〜 2 月は 9：00 〜 16：30）
料 高校生以上 500 円、中学生 300 円

　文明 14（1482）年、足利義政が、祖父の足利義満が建てた北山山荘（金閣寺）にならって建てた東山山荘が、銀閣寺の起こり。義政の死後、臨済宗の寺となりました。正式名は慈照寺ですが、銀閣と呼ばれる国宝・観音殿が有名なことから、銀閣寺といわれています。華やかな金閣寺に比べると、簡素さや静けさを大切にし、茶室などにその美意識がいかされています。日本最古の書院造で国宝の東求堂や上下二段分かれた庭園、白砂を積み上げた銀沙灘と呼ばれる砂山など、境内は見どころ満載です。

三十三間堂周辺

さんじゅうさんげんどう

堂内に並ぶ仏像が圧巻の三十三間堂を中心に、貴重な美術品や建造物のある寺社が並ぶエリアです。豊国神社、方広寺など、豊臣秀吉ゆかりの寺社もあります。

京都駅からのアクセス

バス：市バス 206 または 208 系統「東山七条」下車

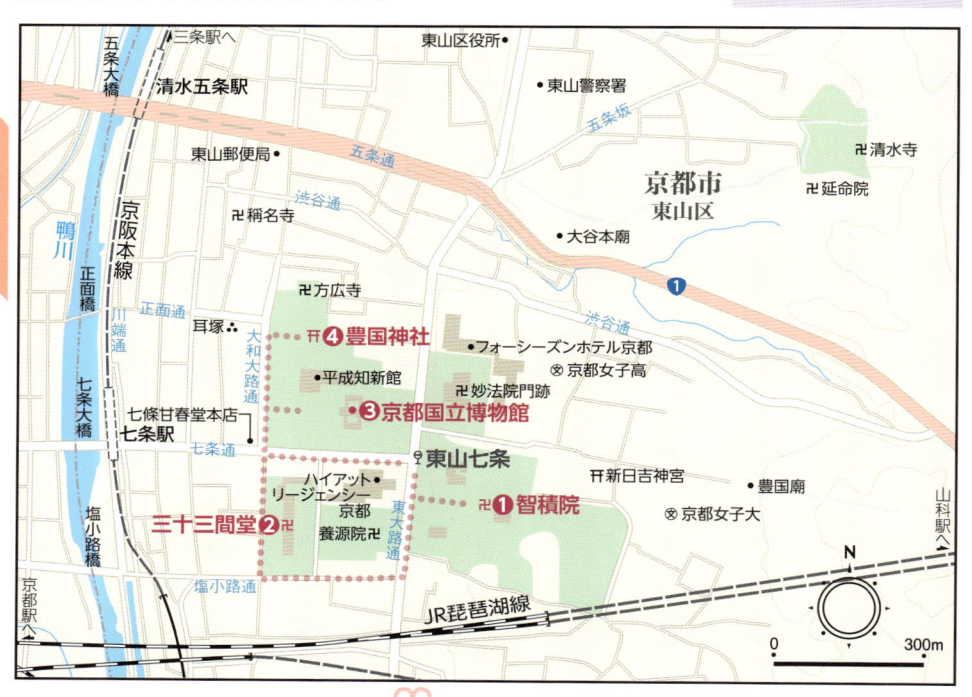

KYOTO

三条駅へ／東山区役所／清水五条駅／東山警察署／五条大橋／五条坂／五条大橋／清水五条駅／東山郵便局・／五条通／清水寺／京都市 東山区／稲名寺／渋谷通／延命院／鴨川／正面橋／・大谷本廟／方広寺／京阪本線／正面通／川端通／正面通／耳塚／渋谷通／大和大路通／❹豊国神社／・フォーシーズンホテル京都／①／七條甘春堂本店／・平成知新館／❸京都国立博物館／・京都女子高／妙法院門跡／七条駅／七条通／新日吉神宮／ハイアット リージェンシー 京都／東山七条／・豊国廟／三十三間堂❷卍／養源院卍／❶智積院／京都女子大／塩小路橋／塩小路通／JR琵琶湖線／山科駅へ／京都駅へ／N／0　300m

---

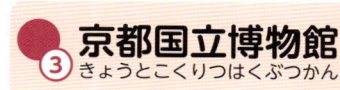

❸ 京都国立博物館

きょうとこくりつはくぶつかん

無料

☎ 075-525-2473（テレホンサービス）　住京都市東山区茶屋町 527　時 9:30〜17:00（特別展期間中は変更あり、入館は閉館の 30 分前まで）　休月曜（祝日の場合は翌日）　料 700 円、大学生 350 円、中高生無料（特別展は別料金）

京都国立博物館は、京都の社寺に伝わる文化財の保護を目的として、明治 30（1897）年に開館。文化財の保存・収集・研究・展示につとめ、現在は約 14,600 件を超える館蔵品・寄託品があります。2014 年にリニューアルした「平成知新館」は、日本的な空間構成を取り入れた、直線を基本とする展示空間が魅力です。

平成知新館（撮影：北嶋俊治）

庭園にはロダン作「考える人」像も

文化

●おすすめコース
寺院や博物館で 国宝鑑賞

智積院の障壁画、三十三間堂の本堂、伏見城から移築した豊国神社の唐門、そして京都国立博物館など、京都が誇る国宝がいっぱいのコース。

2～3時間

 バス東山七条 → 徒歩5分 → ① 智積院 → 徒歩3分 → ② 三十三間堂 → 徒歩3分 → ③ 京都国立博物館 → 徒歩6分 → ④ 豊国神社 → 徒歩12分 → バス東山七条

---

 ② **三十三間堂**
さんじゅうさんげんどう

中高生 400円

☎ 075-561-0467　住京都市東山区三十三間堂廻町 657　時 8：30 ～ 17：00（11/16 ～ 3/31 は 9：00 ～ 16：00、いずれも受付は 30 分前まで）料 600 円、中高生 400 円

　正式名は蓮華王院ですが、国宝の本堂内陣の柱と柱の間が 33 あることから、三十三間堂と呼ばれています。長寛 2（1164）年、後白河上皇のために平清盛が創建しました。鎌倉時代に再建された本堂には、大仏師・湛慶が手がけた千手観音坐像を中心に左右に各 500 体の千手観音像が並び、圧巻です。新春の「通し矢」（大的大会）でも有名。

---

 ① **智積院**
ちしゃくいん

 無料

☎ 075-541-5361　住京都市東山区東大路通七条下ル東瓦町 964　時拝観自由（収蔵庫・庭園は 9：00 ～ 16：00）料無料（宝物館は 500 円、中高生 300 円、庭園は 300 円、中高生 200 円）

　真言宗智山派三千ヵ寺の総本山で、本尊大日如来の尊像が安置される中心的な建物・金堂をはじめ、数々の伽藍と多くの貴重な文化遺産があります。特に、長谷川等伯らによる「楓図」「松に立葵図」など国宝の障壁画、利休好みの庭として有名な名勝庭園は必見です。

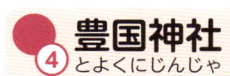 ④ **豊国神社**
とよくにじんじゃ

 無料

☎ 075-561-3802　住京都市東山区大和大路通り正面茶屋町 530　時参拝自由（宝物館は 9：00 ～ 16：30）料無料（宝物館は高校生以上 500 円、小中学生 300 円、修学旅行パスポート利用で拝観料 2 割引）

　豊臣秀吉を祭神に祀る神社。江戸時代徳川幕府の命により廃絶となりましたが、明治時代になって再建されました。豪華絢爛な国宝の唐門は伏見城から移築したものです。

石灯籠は有名な武将が神社に寄進

Check Point!

方広寺の梵鐘の銘文

このエリアは実は豊臣秀吉ゆかりの地。秀吉を祭神に祀る「豊国神社」の近くにある方広寺。天正 14（1586）年に秀吉が創建して巨大な大仏を祀ったのですが、その後の火災で焼失しました。この寺に残る梵鐘に刻まれた「国家安康／君臣豊楽」の文字。家康が自らの名前を分断されたと疑いをかけ、「大坂の陣」で豊臣家は滅亡したのです。

上賀茂・下鴨周辺

かみがも・しもがも

**京都駅からの
アクセス**

バス：市バス4また
は205系統「糺ノ森」
下車（A）、「船岡山」
下車（B）

京都の中心部を南北に流れる鴨川は、京都の人の憩いの場です。
賀茂川と高野川の合流点の飛び石をわたって、北山や比叡山、
東山の山々を眺めて京都の自然を感じてみましょう。京都の夏
の風物詩、五山の送り火の大文字などものぞめます。川沿いは
歴史ある見どころが多く、散策にぴったりのエリアです。

歴史

●おすすめコース A

緑豊かな植物園と原始の森 京都で最も古い神社へ

世界遺産の下鴨神社・上賀茂神社は、ともに京都でもっとも古い歴史をもつ神社。下鴨神社から植物園に向かう賀茂川沿いの散策路（半木の道）は、春には半木桜が見事です。

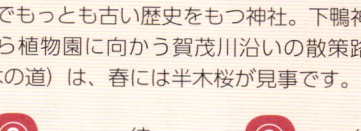
2-3 時間

京阪 鴨東線 **出町柳駅** → 徒歩10分 → ① **下鴨神社** → 徒歩25分 → ② **京都府立植物園** → 徒歩20分 → ③ **上賀茂神社** → 徒歩すぐ → バス **上賀茂神社前**

文化

●おすすめコース B

茶道ゆかりの寺院を散策 茶の湯文化を体感しよう

今宮神社を参拝し、参道であぶり餅を食べたら、千利休はじめ茶道にゆかりが深い大徳寺へ。茶道資料館では、茶道について総合的に学ぶことができます。

2-3 時間

地下鉄 烏丸線 **北大路駅** → 徒歩25分 → ① **今宮神社** → 徒歩すぐ → ② あぶり餅・根元 **本家・かざりや** → 徒歩5分 → ③ **大徳寺** → 徒歩20分 → ④ **茶道資料館** → 徒歩15分 → 地下鉄 烏丸線 **今出川駅**

Check Point!

【 鴨川デルタ 】

下鴨神社の下流に、賀茂川と高野川が合流して鴨川になるデルタ地帯があります。その鴨川のはじまる地点にあるのが、飛び石。大文字山や、賀茂大橋をながめながら、ぜひ向こう岸まで渡ってみましょう。

亀や千鳥の上をぴょんぴょん

おみやげスポット

◆ マールブランシュ 京都北山本店
まーるぶらんしゅきょうときたやまほんてん

京都を代表するスイーツの名店、京都北山マールブランシュ。京みやげの定番、お濃茶ラングドシャ「茶の菓」でも有名です。北山本店には、ティータイムが楽しめるサロンもあり、おいしいケーキが食べられます。

大人気の「茶の菓」

☎ 075-722-3399　住 京都市北区北山通植物園北山門前　時 9：00〜18：00（サロン 10：00〜17：30LO）　休 無休

Ⓐ① 下鴨神社
しもがもじんじゃ

無料　☎ 075-781-0010　住 京都市左京区下鴨泉川町 59
時 6：30 ～ 17：00

　正式には賀茂御祖神社といい、賀茂建角命と玉依媛命が祀られている京都で最も古い神社の一つです。境内の「糺ノ森（ただすのもり）」は、平安京以前の原生林が残る神秘の森で、社殿と共に世界遺産に指定されています。縁結びの神様・相生社には、2本の木が途中で 1 本に結ばれたご神木があり、縁結びの象徴として有名です。みたらし団子の発祥地といわれる御手洗社もあります。美麗の神様として知られる下鴨神社の摂社・河合神社では、手鏡の形をした美麗祈願の絵馬が人気です。鴨長明に関係する神社としても知られています。

太古のパワーが感じられる糺ノ森

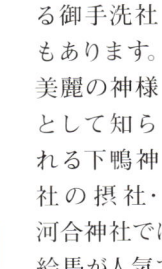
源氏物語など多くの文学作品にも登場する古社

河合神社の鏡絵馬

KYOTO

Ⓐ② 京都府立植物園
きょうとふりつしょくぶつえん

中学生 / 高校生
無料 /150 円

☎ 075-701-0141　住 京都市左京区下鴨半木町　時 9：00 ～ 17：00（入園は～ 16：00）、温室 10：00 ～ 16：00（入室は～ 15：30）　休 無休　料 200 円（中学生無料、高校生 150 円）、温室は別途 200 円（中学生無料、高校生 150 円）

　大正 13（1924）年日本で初めての公立総合植物園として開園しました。約 24 万平方メートルの広大な園内で、約 1 万 2 千種類もの植物を見ることができます。日本最大級の回遊式観覧温室は、世界の熱帯植物などが間近に観賞でき見応えたっぷり。自然林や大芝生地もあり、自然を満喫できます。

四季折々に美しい園内

Ⓐ③ 上賀茂神社
かみがもじんじゃ

無料

☎ 075-781-0011　住 京都市北区上賀茂本山 339
時 5：30 ～ 17：00（神職の説明が受けられる本殿と拝殿の特別参拝は 10：00 ～ 16：00、500 円）

　正式には賀茂別雷神社といい、京都で最も古い歴史を持つ神社の一つ。あらゆる災難を除く厄除けの神として、厚く信仰されています。祇園祭・時代祭とともに京都三大祭りの一つとされる「葵祭」は、上賀茂神社と下鴨神社のお祭り。平安絵巻さながらの優雅な行列が、京の町をねり歩きます。

朱塗りの楼門

B1 今宮神社
いまみやじんじゃ

☎ 075-491-0082　住京都市北区紫野今宮町 21
時参拝自由（社務所は 9：00 ～ 17：00）

　平安期に、流行した災疫を鎮めるため御霊会が営まれたことに始まる神社。「阿呆賢さん」と呼ばれる神占石があり、叩いて持ち上げ、なでてから再び持ち上げ、軽く感じると願いがかなうといわれています。氏子の八百屋の娘「お玉」が、徳川五代将軍綱吉の生母となったことにちなむ「玉の輿お守」も人気です。

明治 35 年に
再建された本殿

B2 本家・根元あぶり餅 かざりや
ほんけ・ねもとあぶりもち　かざりや

☎ 075-491-9402　住京都市北区紫野今宮町 96　時
10：00 ～ 17：00　休水曜（1・15 日、祝日の場合は翌日）あぶり餅体験は平日のみ 1 人前 600 円

　今宮神社参道の名物といえばあぶり餅。無病息災を厄除けにもなります。親指大の小

あぶり餅 1 人前 600 円

さなお餅を竹串にさしてきな粉をまぶし、香ばしく焼き上げて甘辛い白味噌のたれをからめると完成です。修学旅行生は、自分で食べるあぶり餅を炭火で焼く「あぶり餅体験」もできます（要予約）。

B3 大徳寺
だいとくじ

☎非公開　住京都市北区紫野大徳寺町 53
時参拝自由（本坊は非公開、塔頭拝観は有料、拝観時間は塔頭寺院により異なる）

　臨済宗大徳寺派の大本山。応仁の乱によって荒廃しまし

たが、一休禅師が再興したことで知られます。境内には 22 の塔頭寺院があり、古い塔頭の一つである龍源院、キリシタン大名ゆかりの瑞峯院、枯山水庭園が見事な大仙院、細川ガラシャの墓がある高

桐院（拝観休止中）の 4 つの塔頭が公開されています。

青苔が美しい龍源院の方丈前石庭（上）と竜吟庭

B4 茶道資料館
ちゃどうしりょうかん

☎ 075-431-6474　住京都市上京区堀川通寺之内上ル寺之内竪町 682 裏千家センター内　時9：30 ～ 16：30（入館は～ 16：00）　休月曜・展示替期間　料700 円、中高生 300 円、呈茶 500 円（大学生以下 300 円）

　茶碗、掛け軸、花入などの茶道具や美術工芸品、歴史的文書などを中心に展示を行っている美術館です。椅子とテーブルを使う立礼形式の呈茶席で、お抹茶と和菓子が楽しめます（別途料金要）。希望があれば作法の説明も受けられます。

呈茶風景

百万遍・一乗寺・修学院

ひゃくまんべん・いちじょうじ・しゅうがくいん

京都大学のキャンパスが広がる百万遍エリアでは、周辺に個性的なショップも多くアカデミックな雰囲気が味わえます。かつて都への出入口の目印とされていた「一乗寺下り松」のある一乗寺、比叡山のふもとで趣のある寺院が多い修学院も、古くから多くの文化人に愛されてきた自然豊かなエリアです。

京都駅からのアクセス

バス：市バス 17・206系統「百万遍」下車（A）
5系統「修学院離宮道」下車（B）

KYOTO

- ❶ 京都大学総合博物館
- ❷ 京都大学（京大生協中央食堂）
- ❸ 進々堂京大北門前店
- ❹ 百萬遍知恩寺百万遍さんの手づくり市

文化
●おすすめコース A

京都大学の知にふれて大学生気分を味わおう

京都大学の知の宝庫である総合博物館、キャンパス内の食堂、北門前の進々堂で京大生の気分に浸ろう。日程があえば、「百万遍さんの手づくり市」も訪れたい。

2-3時間

京阪鴨東線 **出町柳駅** → 徒歩15分 → ① **京都大学総合博物館** → 徒歩5分 → ② **京都大学（京大生協中央食堂）** → 徒歩5分 → ③ **進々堂 京大北門前店** → 徒歩5分 → ④ **百萬遍知恩寺 さんの手づくり市 百万遍** ※毎月15日に開催 → 徒歩15分 → 京阪鴨東線 **出町柳駅**

歴史
●おすすめコース B

洛北の美しい自然と静けさひと足のばして郊外を満喫

緑の多いのどかな比叡山のふもとエリアに点在する、庭園の美しい寺院は見ごたえ十分。秋の紅葉の素晴らしさが有名ですが、四季折々の美しさが楽しめます。

2-3時間

叡山電鉄 **修学院駅** → 徒歩15分 → ① **赤山禅院** → 徒歩20分 → ② **曼殊院** → 徒歩20分 → ③ **詩仙堂** → 徒歩18分 → ④ **恵文社一乗寺店** → 徒歩3分 → 叡山電鉄 **一乗寺駅**

Check Point!

ラーメン激戦区

京都といえば、おいしいラーメンの多い「ラーメン激戦区」としても有名です。なかでも、京都のラーメン銀座とよばれる一乗寺界隈は、天下一品の総本店や、天天有本店、横綱、高安など、人気の有名店がずらりと並ぶ、ラーメン好きにはたまらないエリアです。北大路通より北に進む東大路通沿いは「ラーメン街道」とも呼ばれています。時間が許せば、人気店の行列に挑戦してみましょう。

A③ 進々堂 京大北門前店
しんしんどうきょうだいきたもんまえてん

☎ 075-701-4121　住 京都市左京区北白川追分町88
時 10:00〜18:00（17:45LO）　休 火曜

京都大学吉田キャンパスの北側にある、昭和5（1930）年創業のパンの老舗＆喫茶店。店内は図書館の自習室を思わせる、アンティークな空間が広がっています。自家製サンドイッチや懐かしい味のカレーが人気です。

おしゃれなレンガ造りの古い洋館

Ⓐ① 京都大学総合博物館 〔無料〕
きょうとだいがくそうごうはくぶつかん

☎ 075-753-3272 〔住〕京都市左京区吉田本町 〔時〕9：30 ～ 15：30（入館は～ 15：00）〔休〕月・火曜 〔料〕400 円、大学生 300 円

　京都大学で研究・収集されてきた学術資料約 260 万点の中から、自然史、文化史、技術史の分野に分けて展示する日本最大規模の大学博物館。実物大の熱帯樹木の模型など、興味ひかれる展示がたくさん。ミュージアムショップには、研究を身近に感じられる商品や博物館のロゴ入りグッズも。

京都大学の構内にある博物館　　ナウマン象の頭骨模型も

Ⓐ② 京都大学（京大生協中央食堂）

☎ 075-753-0832 〔住〕京都市左京区吉田本町京都大学構内 〔時〕8：00 ～ 20：00 〔休〕土・日曜、祝日

　京都大学の吉田キャンパス本部構内にある京

大生協中央食堂は、大学のシンボルである時計台に隣接する総合研究 8 号館（旧工学部 8 号館）の地下にあります。日々、たくさんの京都大学生や職員が利用する食堂ですが、13:00 以降の時間帯なら利用可能。リーズナブルな食事メニューが楽しめます。

Ⓐ④ 百萬遍知恩寺 百万遍さんの手づくり市
ひゃくまんべんちおんじ　ひゃくまんべんさんのてづくりいち

☎ 075-771-1631（手づくり市事務局）〔住〕京都市左京区田中門前町 103　百萬遍知恩寺境内 〔時〕毎月 15 日 8：00 ～ 16：00　雨天決行

　百万遍の交差点近くにある百萬遍知恩寺では、毎月 15 日に全国から約 1 万人のファンが集まる手づくり市が行われます。境内のいたるところに、布小物や洋服、ア

クセサリー、工芸品、食品など約 350 もの店が並び、必ずお気に入りがみつかりそう。日にちがあえばぜひのぞいてみましょう。

Ⓑ④ 恵文社一乗寺店
けいぶんしゃ　いちじょうじてん

☎ 075-711-5919 〔住〕京都市左京区一乗寺払殿町 10 〔時〕11：00 ～ 19：00 〔休〕無休（元日を除く）

　世界の本屋さんベスト 10 に選ばれたこともある、和書から洋書までそろう人気書店。本だけでなく、

おしゃれな外観

おしゃれな雑貨も並び、ギャラリーやイベントスペースも併設。恵文社メイドのオリジナルグッズ、エコバッグやハンカチ、マスキングテープなどはおみやげにおすすめ。

恵文社ならではの本や雑貨に出会える

B① 赤山禅院 せきざんぜんいん

☎ 075-701-5181 　住京都市左京区修学院開根坊町18　時9：00〜16：30（時間厳守）

天台宗の寺院で、比叡山延暦寺の塔頭の

一つ。京都御所から見て鬼門の方角に当たるので、鬼門の鎮守として祀られ、現在も方除けの寺として信仰を集めています。拝殿の屋根の上には鬼門除けの猿が有名。紅葉の名所としても知られ、秋には参道が紅葉のトンネルのようになります。

紅葉が色づく秋は、特に見事な光景が広がる

B② 曼殊院 まんしゅいん

中学生/高校生
400/500円

☎ 075-781-5010　住京都市左京区一乗寺竹ノ内町42　時9：00〜17：00（受付は〜16：30）料600円、中学生400円、高校生500円

天台宗の門跡寺院。門跡とは、住職が皇室一門の出身であった寺院のことで、格式の高い名利です。小さな桂離宮ともいわれ、大書院前に

優雅な空間が広がる枯山水庭園

広がる小堀遠州好みの枯山水庭園は国の名勝。水の流れを表した砂の中に鶴島と亀

島を配し、深紅の花を咲かせる霧島つつじや紅葉が植えられています。

書院からの眺めが素晴らしい

B③ 詩仙堂 しせんどう

中学生/高校生
200/400円

☎ 075-781-2954　住京都市左京区一乗寺門口町27　時9：00〜17：00（受付は〜16：45）料500円、中学生200円、高校生400円

寛永18（1641）年に、徳川家康の家臣だった石川丈山が建て

た山荘で、その後30年あまり詩人として隠棲しました。寺名の由来となった「詩仙の間」には、絵師の狩野探幽が描いた中国三十六詩仙の肖像画が飾られてい

ます。サツキや紅葉が美しい庭園に、鹿おどしの音が響き風情を感じさせます。

四季折々に美しい庭園

一乗寺中谷 いちじょうじなかたに

ひといきスポット

詩仙堂近くの老舗和洋菓子店。伝統的な和菓子、和と洋を融合させた新感覚スイーツが楽しめます。豆乳プリン・

とうふ羊かん・抹茶ジェラート・バニラアイス・ほうじ茶寒天を盛り込んだ中谷パフェが人気。ごはんものもあります。

人気の中谷パフェ（1,050円）

☎ 075-781-5504　住京都市左京区一乗寺花ノ木町5　時9：00〜18：00　休水曜、11月下旬

金閣寺周辺

きんかくじ

かつて貴族の別荘地だったこのあたりには、金閣寺をはじめ、龍安寺・仁和寺といった有名な寺院が集まっています。これらの3寺院はすべて世界遺産に登録されています。また、学問の神様・菅原道真公を祀る北野天満宮で受験の合格祈願をしたら、まわりの特徴ある社寺もめぐってみましょう。

京都駅からのアクセス

バス：市バス 26 系統「御室仁和寺前」下車（A）

市バス 50 または 101 系統「北野天満宮前」下車（B）

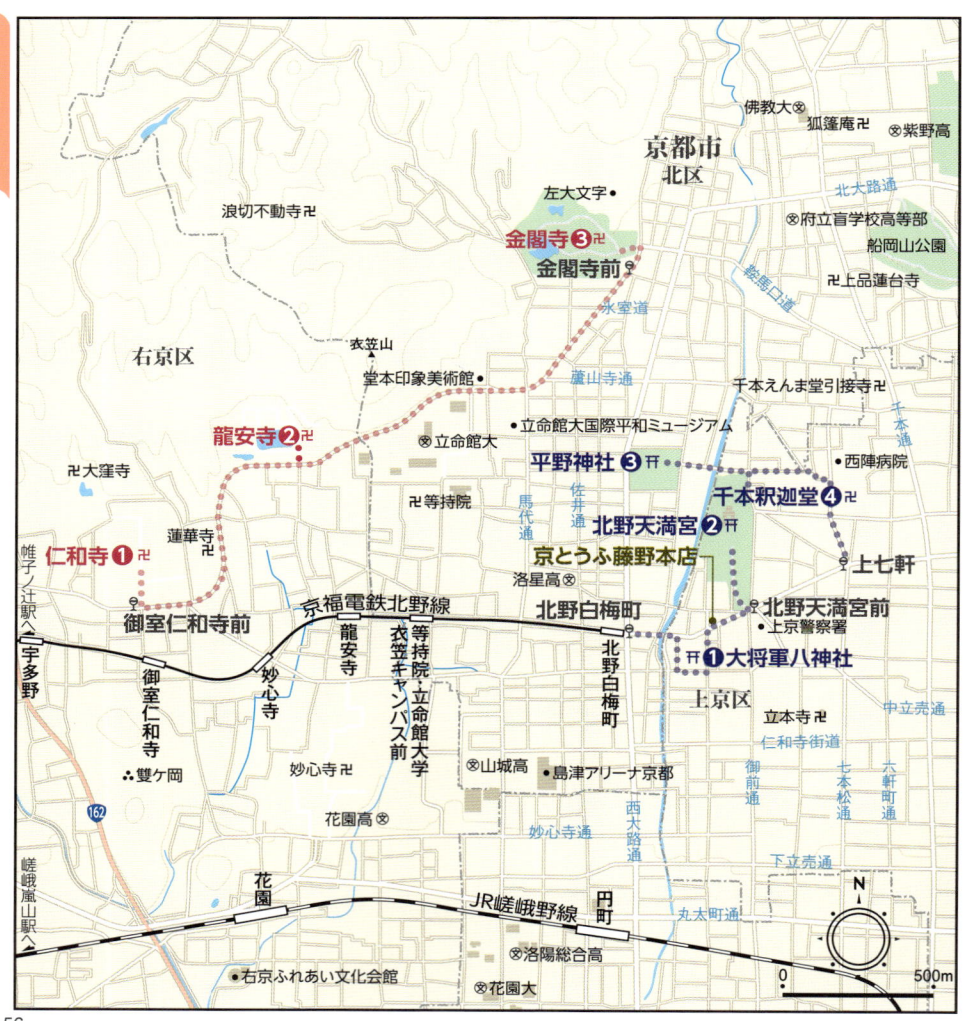

歴史
●おすすめコース A
きぬかけの路をぬけ
世界遺産の寺院をめぐる

世界遺産の金閣寺、龍安寺、仁和寺は、必ずおさえておきたい必見スポット。各寺院を結ぶきぬかけの路を歩いてアクセスしましょう。

2-3時間

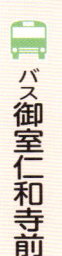

バス御室仁和寺前
→ 徒歩すぐ →
① 仁和寺
→ 徒歩10分 →
② 龍安寺
→ 徒歩25分 →
③ 金閣寺
→ 徒歩すぐ →
バス金閣寺前

歴史
●おすすめコース B
北野天満宮で合格祈願

京都で合格祈願の神様といえば北野天満宮。桜の名所として名高い平野神社、方位を司る神様・大将軍八神社など特徴ある社寺も一緒にめぐってみましょう。

2-3時間

バス北野天満宮前
→ 徒歩3分 →
① 大将軍八神社
→ 徒歩8分 →
② 北野天満宮
→ 徒歩5分 →
③ 平野神社
→ 徒歩10分 →
④ 千本釈迦堂
→ 徒歩20分 →
バス上七軒

Check Point!

北野天満宮の七不思議が楽しい

北野天満宮には昔から伝わる七不思議の史蹟があります。太陽と月と星の彫刻があるため「三光門」と呼ばれる門。でも一説には星の彫刻がなく、空にあがる北極星を

もって「三光」を表すとされています。三光門の東向かいにあるのが「大黒天の燈籠」。大黒さまの像の口に小石を置いて落ちなければお金に困らないとか。また、境内の神牛はほぼ臥牛ですが、拝殿正面の欄間には全国の天満宮でも珍しい立ち牛の彫刻があります。全部で7つあるので、それを探しながら境内をめぐると楽しいでしょう。

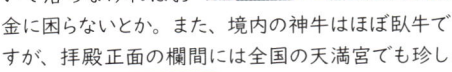

A① 仁和寺
にんなじ
無料

☎ 075-461-1155 **住**京都市右京区御室大内 33
時9：00 〜 17：00（12 〜 2月は〜 16：30、いずれも受付は 30分前まで）**料**高校生以下無料、付添の先生方も無料（次代への文化支援として）

宇多天皇が平安時代に創建した真言宗御室派の総本山。広大な境内には国宝の金堂をはじめ、左右に金剛力士像を安置する二王門、御殿、五重塔など、重要文化財が立ち並んでいます。京都一遅く咲くとされる御室桜が有名で、仁和寺のシンボルとなっています。

国宝の金堂

A② 龍安寺
りょうあんじ
中学生/高校生
300/500円

☎ 075-463-2216 **住**京都市右京区龍安寺御陵下町 13 **時**8：00 〜 17：00（12 〜 2月は 8：30 〜 16：30）**料**600 円、高校生 500 円、中学生 300 円

白砂を敷き詰め、築地塀に囲まれた庭に大小 15 個の石を置いた「虎の子渡しの

虎の子渡しの庭

庭」と呼ばれる石庭で有名です。作者も作られた年代も不明ですが、禅の庭らしい簡素で風情あるところが人の心をひきつけます。広大な池を中心とした華やかな庭園もあり、紅葉の名所としても知られています。

A③ 金閣寺
きんかくじ
中学生/高校生
300/500円

☎ 075-461-0013 **住**京都市北区金閣寺町 1
時9：00 〜 17：00 **料**高校生以上 500 円、小中学生 300 円

鹿苑寺が正式な名ですが、有名な金閣（舎利殿）があるので金閣寺と呼ばれています。もとは室町幕府 3代将軍・足利義満が、公家の西園寺家の山荘を譲り受け、豪勢で個性的な山荘に造り上げたもので義満の死後に禅寺となりました。金閣（舎利殿）は下層から寝殿造り、武家造り、禅宗仏殿造りと異なる様式で建立。三層の金閣を映す鏡湖池を中心にした庭園は、特別史跡、および国の特別名勝。背後の衣笠山の景観を取り入れ、池に島を作るなどして、極楽浄土を表現しています。義満お手植えと伝わる「陸舟の松」は、京都三松のひとつに数えられています。

B③ 平野神社
ひらのじんじゃ
無料

☎ 075-461-4450 **住**京都市北区平野宮本町 1
時6：00 〜 17：00（桜の開花時期は〜 21：00）

創建は奈良時代で、平安京ができたときに奈良から現在地に移された古い神社です。祭神の久度神は

昔から桜の名所として有名

台所の竈の神様で、京都でかまどを「おくどさん」と呼ぶのはこの名前から。江戸時代から桜の名所として知られ、珍しい桜があることでも有名です。約 60 種 400 本の桜が咲き誇り、夜桜や桜祭りでにぎわいます。

KYOTO

B2 北野天満宮
きたのてんまんぐう

無料　☎ 075-461-0005　住京都市上京区馬喰町　時6:30〜17:00（社務所は9:00〜17:00）　料無料（宝物殿は大人1,000円、中高生500円、小人・修学旅行生250円）

　菅原道真公（菅公）をご祭神とする北野天満宮は、菅公を祀った全国の天満宮の総本社。学問の神様として有名で、受験時期のお参りや修学旅行生の聖地ともなっています。境内には、梅を愛した菅公にちなんで約1500本の梅の木が植えられ、早春には甘い香りが境内に漂います。菅公が、丑年生まれだったことなどから、牛は神様のお使いとされ、境内のいたるところに臥牛（横たわった牛）の像があります。表情もかわいいので、見比べながら歩くのも楽しいですね。

豊臣秀頼公が造営した社殿は国宝

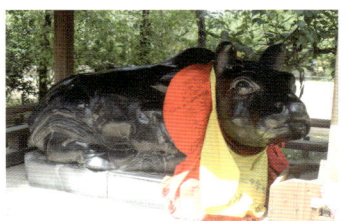

境内にはいろいろな臥牛の像がある

一番人気の学業守（1,000円）

B1 大将軍八神社
だいしょうぐんはちじんじゃ

　無料

☎ 075-461-0694　住京都市上京区一条通御前西入西町48　時9:00〜17:00

　平安遷都のとき、桓武天皇が王城鎮護の社として創建しました。大将軍神は方位を司る星神であり、建築・引越・旅行・交通など、方位にまつわる厄災からの守護・厄除の神として今も信仰されています。

B4 千本釈迦堂
せんぼんしゃかどう

　無料

☎ 075-461-5973　住京都市上京区七本松通今出川上ル溝前町1034　時境内自由（本堂・霊宝殿は9:00〜17:00）　料無料（本堂・霊宝殿共通で600円、高校生500円、中学生400円、20人以上は各50円引き）

　正式な名前は大報恩寺といいますが、千本釈迦堂の名前で親しまれています。京都市内最古の本堂は国宝で、霊宝殿には、快慶などの仏師による仏像が並んでいます。

ひといきスポット 京とうふ藤野本店
きょうとうふふじのほんてん

　北野天満宮から西へ徒歩すぐの豆腐専門店。豆腐や湯葉の販売と、カフェスペースでは豆乳ソフトクリームを使ったヘルシーなパフェや、京とうふを使ったお丼メニューを提供しています。京都のおみやげにぴったりのお菓子や和雑貨もあります。

食事処だけでなくみやげ物売り場もある

☎ 075-463-1028　住京都市上京区今小路通御前通西入紙屋川町843-7　時10:00〜18:00（カフェは17:00LO）　休月曜（祝日・毎月25日は営業）

嵐山・嵯峨野

あらしやま・さがの

京都駅からの
アクセス

電車:JR 嵯峨野線「嵯峨嵐山駅」下車
バス：市バス 28 系統「嵐山天龍寺前」下車

京都随一の景勝地で、嵐山と小倉山のふもとでは四季折々の自然が楽しめます。昔から嵐山は歌枕として多くの歌に詠まれているように、春は桜、秋は紅葉の名所として知られています。たくさんの観光客でにぎわう渡月橋の北側に、有名な寺院が点在しています。

 **歴史**

●おすすめコース **A**

平安貴族も愛した
緑と水辺の景色を楽しむ

山と川の美しい景観が楽しめる嵐山は、かつて平安貴族の別荘地でした。『源氏物語』の舞台もあり、平安の昔に思いを馳せながら回りましょう。

 **2-3** 時間

JR嵯峨野線 嵯峨嵐山駅 → 徒歩10分 → ① 法輪寺 → 徒歩8分 → ② 渡月橋 → 徒歩15分 → ③ 天龍寺 → 徒歩10分 → ④ 野宮神社 → 徒歩9分 → JR嵯峨野線 嵯峨嵐山駅

 歴史

●おすすめコース **B**

奥嵯峨野の名所を
自転車でめぐろう

駅から少し離れた奥嵯峨野にも名所がいっぱい。嵐山のにぎわいとは対照的で、ひっそりしていて自然と一体化できます。レンタサイクルを使えば、効率的に回れます。

2-3 時間

JR嵯峨野線 嵯峨嵐山駅 → 自転車3分 → ① 嵐山駅はんなり・ほっこりスクエア → 自転車6分 → ② 常寂光寺 → 自転車3分 → ③ 二尊院 → 自転車4分 → ④ あだし野念仏寺 → 自転車12分 → ⑤ 旧嵯峨御所 大本山大覚寺 → 自転車6分 → JR嵯峨野線 嵯峨嵐山駅

Check Point!

【 竹林の道は
嵐山の代名詞 】

まっすぐに伸びた竹林が、天龍寺北側、野宮神社から大河内山荘付近までの約100mにわたって続く風情のある散歩道。ひんやり涼しく、清涼感があり、さわさわとゆれる青竹は美しく、竹林の道をゆっくりと歩くだけで、歩き疲れた体と心を癒してくれます。ぜひ足を伸ばしてみましょう。

【 日本で唯一、髪の毛に
ご利益のある神社「御髪神社」 】

小倉山のふもとにあるのが御髪（みかみ）神社。名前からのイメージの通り、髪と頭にご利益がある神社です。京都市の理美容業界関係者らによって髪の健康を祈願し、昭和36（1961）年に創建されました。髪の毛は頭を守るヘルメットのような役目もしていることから、頭にもご利益があるといいます。そのことから、受験生も多く訪れるのだそうです。

Ⓐ① 法輪寺
ほうりんじ

無料

☎ 075-862-0013　住 京都市西京区嵐山虚空蔵山町
時 9：00～17：00

　今からおよそ 1,300 年前の和銅 6(713)年、元明天皇の勅願により行基菩薩が創建したのがはじまり。智恵を司る虚空蔵菩薩像を祀っていて、昔から数え年十三歳に参詣して智恵を授かるという「十三まいり」で知られています。境内には、雷・稲妻の神を祀った電電宮もあります。

本尊・虚空蔵菩薩は、智恵・福徳の仏様。

Ⓐ② 渡月橋
とげつきょう

　大堰川(桂川)にかかる全長 154m の橋で、嵐山のシンボル的存在です。平安時代、橋がかけられた当初は、現在より 200m ほど上流

昭和 9 (1934) 年に架け替えられた渡月橋

にあったそうです。鎌倉時代に亀山上皇が「くまなき月のわたるに似る」と詠んだことから「渡月橋」と呼ばれるようになりました。嵐山の景色に調和する橋は、絶好の記念撮影スポットでもあります。

Ⓐ④ 野宮神社
ののみやじんじゃ

無料

☎ 075-871-1972　住 京都市右京区嵯峨野宮町 1
時 9：00～16：30

　野宮とは、天皇に代わって伊勢神宮に仕えた皇女が身を清めた場所のこと。竹林の中に佇む清らかな社殿は、『源氏物語』の「賢木の巻」にも描かれています。現在は縁結び、子宝・安産、学問の神としても信仰されています。神石「お亀石」をなでながら祈ると一年以内に願い事がかなうといわれています。

神社のシンボルの黒木の鳥居

Ⓑ② 常寂光寺
じょうじゃっこうじ

500 円

☎ 075-861-0435　住 京都市右京区嵯峨小倉山小倉町 3　時 9：00～17：00 (受付は～16：30)
料 中学生以上 500 円

　百人一首で知られる小倉山のふもとに建つ日蓮宗の

京都屈指の紅葉の名所でもある

お寺。もとは鎌倉初期の歌人、藤原定家の山荘、時雨亭があったところとされています。重要文化財の多宝塔は、檜皮葺で和様と禅宗様の両方の様式を取り入れたもの。展望台からは嵯峨野の風景が一望できます。

KYOTO

Ⓐ③ 天龍寺
てんりゅうじ

中学生/高校生 **300/500 円**

☎ 075-881-1235　住 京都市右京区嵯峨天龍寺芒ノ馬場町 68
時 8：30 ～ 17：00　料 高校生以上 500 円、中学生 300 円、諸堂参拝は 300 円追加

臨済宗天龍寺派の大本山。暦応 2（1339）年、室町幕府を開いた足利尊氏が後醍醐天皇の霊を慰めるために建てた禅寺です。初代住職の夢窓疎石が作ったといわれる曹源池庭園は、遠くの嵐山や亀山の景観を取り入れた名庭で、池の周りを散策しながら鑑

四季折々の風雅な景色を楽しめる

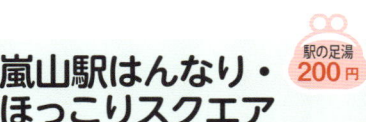

雄大な池泉回遊式の曹源池庭園

賞できます。法堂の天井には、平成 9 年、日本画の巨匠・加山又造氏が描いた八方にらみの雲龍図があり、今にも舞い降りてきそうな迫力で圧倒されます。

夏はハスの花が美しい

Ⓑ① 嵐山駅はんなり・ほっこりスクエア
あらしやまえきはんなり・ほっこりすくえあ

駅の足湯 **200 円**

☎ 075-873-2121　住 京都市右京区嵯峨天龍寺造路町
時 9：00 ～ 20：00（冬期は 10：00 ～ 18：00、2 階食事処は 11：00 ～ 20：00LO）、レンタサイクルは 9：00 ～ 17：00（冬期は 10：00 ～、受付は～ 15：00）
休 無休　料 駅の足湯 200 円（タオル付き）

嵐山観光の拠点として利用できる京福電鉄（嵐電）嵐山駅構内にあり、買い物や食事が楽しめる観光商業施設です。600 本の京友禅ポールが立ち並ぶ "キモノフォレスト" は、人気の撮影スポットです。駅のホームにある足湯でちょっと休憩するのもおすすめ。

インフォメーションやレンタサイクルコーナーもあります。
キモノフォレストは見学自由

◆ おみやげスポット

嵐山ちりめん細工館 嵐山本店
あらしやまちりめんざいくかんあらしやまほんてん

独特の凹凸が美しい、ちりめん素材を使ったアイテムの専門店。店内に並んでいるのは、伝統的な

嵐山の環境に溶け込んだ店舗

ものから、ユニークなミニチュア品まで、色も形もさまざま。京都らしいちりめん小物は、おみやげにも最適です。

モチーフは動物、京野菜などさまざま

☎ 075-862-6332　住 京都市右京区嵯峨天龍寺造路町 19-2　時 10：00 ～ 18：00　休 無休

KYOTO

B3 二尊院
にそんいん

500円

☎ 075-861-0687 住京都市右京区嵯峨二尊院門前長神町27 時9：00〜17：00（受付は〜16：30）料500円

　釈迦如来、阿弥陀如来の2体の本尊を祀っていることが名前の由来といわれています。伏見城の薬医門を移築したという、総門から本堂へ向かう参道は「紅葉の馬場」と呼ばれています。およそ150mの道が、秋には美しい紅葉に包まれます。

秋の参道が紅葉のトンネルに

B4 あだし野念仏寺
あだしのねんぶつじ

中高生 400円

☎ 075-861-2221 住京都市右京区嵯峨野鳥居本化野町17 時9：00〜17：00頃（受付は〜16：30、季節により変動あり）料500円、中高生400円

　約1200年前、化野に葬られた無縁仏を、弘法大師が五智山如来寺を建てて供養したのがはじまりとされ

賽の河原ならぬ「西院（さい）の河原」

る浄土宗の寺です。のちに、法然が常念仏道場にしました。境内には約8,000体の石

仏・石塔が規則正しく並び、その光景はとても幻想的です。

紅葉が境内を彩る秋

B5 旧嵯峨御所 大本山大覚寺
きゅうさがごしょ だいほんざんだいかくじ

小中高生 100円〜

☎075-871-0071 住京都市右京区嵯峨大沢町4 時9：00〜17：00（受付は〜16：30）料お堂エリア500円、小中高生300円、大沢池エリア300円、小中高生100円

　弘法大師空海を宗祖とする真言宗大覚寺派の本山です。もとは、嵯峨天皇の離宮として建てられたもので、後に寺となりました。鎌倉時代には後宇多天皇がここで院政を行ったことから、嵯峨御所とも呼ばれていました。弘法大師空海のすすめにより嵯峨天皇が浄書された般若心経が安置され、般若心経写経の根本道場として知られています。

五大堂（本堂）大沢池のほとりにたたずむ

江戸時代に御所から移築された宸殿

周囲約1kmの日本最古の人工池である大沢池

乗り物で嵐山を満喫

♠ 時間があれば・・・

トロッコ列車
とろっこれっしゃ

トロッコ嵯峨駅からトロッコ亀岡駅までを約25分で結ぶ観光列車です。季節感たっぷりの保津峡の景色を眺めながら、カタコトと列車の旅が楽しめます。雄大な渓谷美のなかに点在するライオン岩など、名前の付いた岩を知らせる列車のアナウンスも聞きごたえたっぷりです。

ダイナミックな景観が楽しめる

☎ 075-861-7444（テレフォンサービス）　🏠京都市右京区嵯峨天竜寺車道町　🕐9：00〜16：001時間ごとに運転、一部運休、季節により臨時運転あり。HP要確認　🈴不定休　💰片道880円、12歳未満440円

保津川下り
ほづがわくだり

亀岡から嵐山までの約16kmの渓流を約2時間かけて下る舟の旅。熟練した船頭が、竿と櫂で操りながら狭い岩間をすり抜けていきます。船頭さんの軽快なトークや見事な櫂さばきにも注目。また、ゴムボートを漕いで保津川を下るラフティングも人気です。

船頭の竿さばきに注目

☎ 0771-22-5846　🏠亀岡市保津町下中島2　🕐9：00〜15：00で1日7便　🈴無休（臨時休業あり）　💰4,500円、修学旅行生3,690円、ラフティングはコースにより料金が異なる

おもしろミュージアムめぐり

♠ 時間があれば・・・

嵯峨嵐山文華館
さがあらしやまぶんかかん

嵐山で誕生したと伝わる百人一首の歴史や魅力と日本画を紹介する博物館。季節ごとの自然美を楽しめる石庭や、百人一首ゆかりの小倉山を背にし、嵐山・大堰川を借景として取り込んだ眺めは日本画の世界のようです。

☎ 075-882-1111　🏠京都市右京区嵯峨天龍寺芒ノ馬場町11　🕐10：00〜17：00（入館は〜16：30）　🈴展示替え期間　💰1000円、高校生600円、小中学生400円

ジオラマ京都JAPAN
じおらまきょうとじゃぱん

トロッコ嵯峨駅内にある鉄道アミューズメント施設。日本最大級の鉄道ジオラマは、1/80の縮尺サイズで、京都の街をイメージした街並みや無数のフィギュア、乗り物などを使

1日3回開催される「天体ショー」

い、リアルに再現しています。ジオラマの中を本物の機関車の運転台で鉄道模型を運転することができます（要別料金）。

☎ 075-861-7444（テレフォンサービス）　🏠京都市右京区嵯峨天竜寺車道町 トロッコ嵯峨駅駅舎内　🕐9：00〜17：00（入館は〜16：30）　🈴トロッコ列車休業日　💰中学生以上530円、小学生320円（トロッコ列車との割引あり）

松　尾

まつお

京都駅からの　アクセス

電車：地下鉄烏丸線「四条駅」下車、阪急京都線に乗り換え「桂駅」下車、阪急嵐山線「松尾大社駅」下車

バス：市バス 28 系統「松尾大社前」下車

美しい竹林が多い松尾大社周辺は、『竹取物語』の舞台ともいわれるエリアです。竹林の中に点在する寺社をめぐれば、自分自身の心と向き合う静かな時間を過ごすことができそうです。

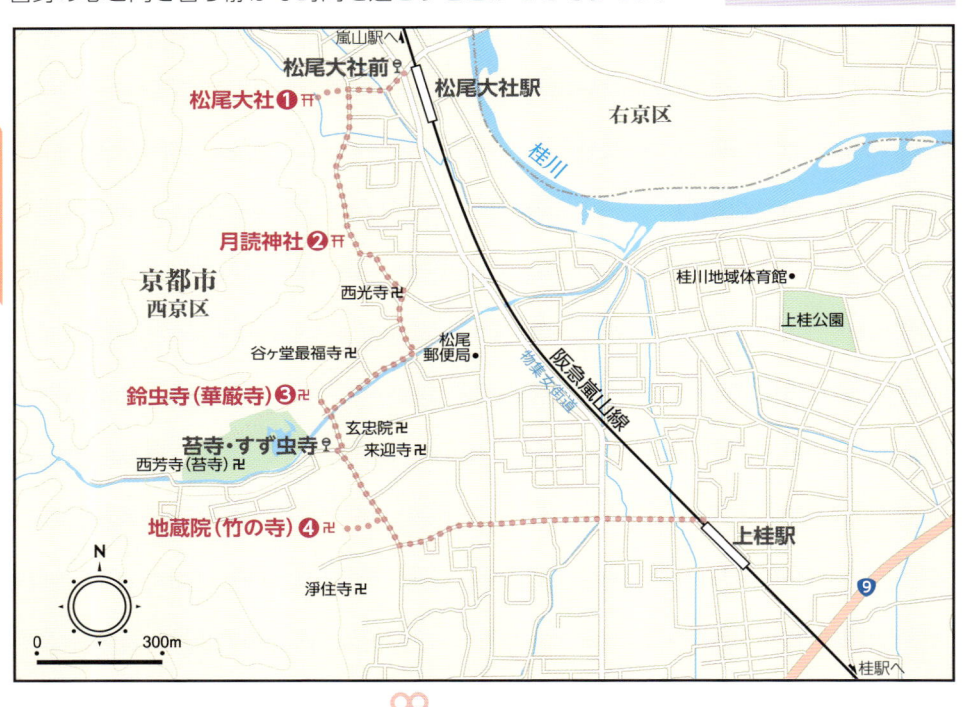

① 松尾大社
まつのおたいしゃ

無料（庭園・神像館は有料）

☎ 075-871-5016　住 京都市西京区嵐山宮町 3

時 参拝自由（庭園は 9：00 ～ 16：00）

料 無料（庭園・神像館セット 500 円、中高生 400 円）

松尾山への自然崇拝に始まり、酒の神様として全国的に知られる松尾大社。本殿北側の「亀の井」には、酒を造る時に混ぜると良いと伝わる霊水が湧いています。延命長寿・蘇りの水としても有名で、飲むこともできます。重森三玲作の庭園「松風苑」も必見です。

本殿

樽に矢を放つ「樽占い」

 歴史

●おすすめコース

幸福地蔵様にお参りして1つだけ願いごとをする

松尾大社、月読神社をお参りし、深い緑に包まれたのどかな道を散策。人気の鈴虫寺では客殿での住職の法話も楽しみに。青々した竹の生命力も魅力的です。

 2-3 時間

 阪急嵐山線 松尾大社駅 → 徒歩3分 →  ① 松尾大社 → 徒歩3分 →  ② 月読神社 → 徒歩15分 →  ③ 鈴虫寺（華厳寺）→ 徒歩10分 →  ④ 地蔵院（竹の寺）→ 徒歩12分 → 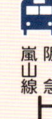 阪急嵐山線 上桂駅

---

③ 鈴虫寺（華厳寺）
すずむしでら（けごんじ）

中学生/高校生 300/500円（煎茶・菓子付）

☎ 075-381-3830　住 京都市西京区松室地家町31
時 9:00～17:00（受付は～16:30）　料 500円、中学生300円（煎茶・菓子付）

　一年中鈴虫の音色を聞ける、鈴虫寺の名で知られる「華厳寺」。臨済宗の寺院で、開運・良縁祈願に多くの人が訪れます。約4,000匹

松尾山麓の四季の自然を感じられる

の鈴虫が飼育されている客殿で説法を聞くことができ、心穏やかな時間を過ごせま

す。どんな願いでも一つかなえてくれるという「幸福地蔵菩薩」が有名。わらじを履いたお地蔵さまが願いを叶えにきてくれるといわれています。

（上）わらじを履いたお地蔵様
（右）客殿で飼育されている鈴虫

---

② 月読神社
つきよみじんじゃ

無料

☎ 075-871-5016（松尾大社）　住 京都市西京区松室山添町15　時 5:00～18:00

　松尾大社の摂社で、日本書紀にも登場する古い神社です。神功皇后がなでて安産したと伝わる「月延石」（安産石）

古い歴史のある月読神社

が祀られ、信仰を集めています。学問の神といわれる「聖徳太子社」もあります。

---

④ 地蔵院（竹の寺）
じぞういん（たけのてら）

中高生 300円

☎ 075-381-3417　住 京都市西京区山田北ノ町23
時 9:00～16:30（最終入山16:10）　料 500円、中高生300円

　境内を見事な竹林に覆われていることから、「竹の寺」とも呼ばれる臨済禅宗の寺院です。方丈前の平庭式枯山水庭園は「十六羅漢の庭」とよばれ、16の石を羅漢の修行する姿に見立てています。

竹と苔と紅葉に囲まれた参道

伏見稲荷周辺

ふしみいなり

京都駅からのアクセス

電車：JR 奈良線「稲荷駅」下車
バス：市バス南5系統、急行105系統「稲荷大社前」下車

世界中から多くの観光客が訪れる、超人気スポット「伏見稲荷大社」。その境内は本殿奥の稲荷山全体。朱塗りの鳥居が続く、神秘的な世界が広がる「お山めぐり」がおすすめです。

KYOTO

石峰寺
せきほうじ

中学生 / 高校生
200/300円

☎ 075-641-0792　住京都市伏見区深草石峰寺山町26　時9：00 ～ 16：00　休無休　料300円、中学生200円

　江戸時代中期の絵師、伊藤若冲が草庵を結んで作った石仏の五百羅漢があることで有名な黄檗宗の寺院です。本堂裏山に約530体の苔むした味わい深い五百羅漢が見られます。境内には伊藤若冲の墓も残っています。中国風の赤い山門も趣があります。

Check Point!

【 お稲荷さんといえばきつね 】

伏見稲荷大社の境内のいたるところに、稲荷大神の使いといわれるきつねがいます。稲穂や巻物などをくわえたり、様々な表情をしたきつねと出会えます。

りりしいきつねがあちこちに

歴史

● おすすめコース

朱塗りの鳥居をくぐって
稲荷山の神秘にふれよう

伏見稲荷大社は千本鳥居を越えた奥社までは必ず押さえたいポイント。時間があればもう少し奥まで歩いてみましょう。伊藤若冲ゆかりの石峰寺も見どころ満載です。

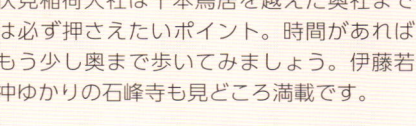

2-3時間

JR奈良線
稲荷駅

→ 徒歩3分 →

① 伏見稲荷大社

→ 徒歩10分 →

② 石峰寺

→ 徒歩15分 →

JR奈良線
稲荷駅

---

① 伏見稲荷大社
ふしみいなりたいしゃ

 無料

☎ 075-641-7331　住 京都市伏見区深草薮之内町68
時 参拝自由（授与所は8：30〜16：30頃）

朱色の鳥居がずらっと並ぶ、神秘的な千本鳥居で知られる伏見稲荷大社。外国人に人気の日本の観光スポット5年連続第1位

鳥居をくぐると豊臣秀吉寄進の楼門

に選ばれ、世界から注目される人気スポットです。奈良時代からの古い歴史を持つ、全国にある稲荷神社の総本宮。商売繁昌・五穀豊穣・家内安全・芸能上達の神様として知られています。千本鳥居を抜けたところにある奥社では、おもかる石を要チェック。

石灯籠の前で願いごとをして灯篭の丸い頭を持ち上げ、軽く感じたら

千本鳥居は壮観

願いがかなうといわれています。伏見稲荷大社の境内は、稲荷山全体です。山のいたる

奥社のおもかる石

ところに塚や祠があり、ずっと朱色の鳥居が続いています。山をめぐると所要時間は

2時間ほど。清少納言も「枕草子」に、一生懸命稲荷山をのぼったことを記しています。時間が許せば、少し足をのばして稲荷山を体感してみるのもおすすめです。

宇　治

うじ

京都駅からの
アクセス

電車：JR奈良線「宇治駅」下車

『源氏物語』宇治十帖の舞台となった宇治には、世界遺産の平等院と宇治上神社をはじめ平安時代の文化を伝えるスポットがたくさんあります。全国有数のお茶どころとしても有名なエリアで体験メニューも豊富です。宇治川のほとりの自然風景も美しいので、宇治橋や宇治公園を散策するのもおすすめです。

 歴史

●おすすめコース **A**

源氏物語ゆかりの
スポットをめぐる

10円硬貨のデザインにもなっている平等院と『源氏物語』の華やかな世界を紹介する博物館など、『源氏物語』ゆかりのスポットをめぐります。

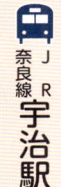 **2-3** 時間

 JR奈良線 **宇治駅** → 徒歩10分 → ① **平等院** → 徒歩15分 → ② **宇治上神社** → 徒歩5分 → ③ **宇治市源氏物語ミュージアム** → 徒歩15分 → JR奈良線 **宇治駅**

 文化

●おすすめコース **B**

宇治茶の産地で
さまざまな体験を楽しむ

宇治茶のお点前や抹茶作りなど宇治茶の産地にふさわしい体験ができるだけでなく、『源氏物語』ゆかりの地でもある興聖寺で座禅体験ができます。

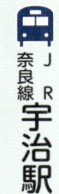 **2-3** 時間

JR奈良線 **宇治駅** → 徒歩20分 → ① **興聖寺** → 徒歩7分 → ② **福寿園宇治茶工房** → 徒歩7分 → ③ **市営茶室対鳳庵** → 徒歩15分 → JR奈良線 **宇治駅**

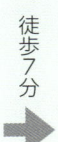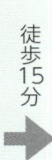

Check Point!

【 宇治の地名のルーツは
うさぎ関連 】

「宇治」の地名は、かつては「うさぎのみち・菟道」と書いて「うじ」と読みました。宇治上神社のお守りやおみくじなどに、うさぎがあしらわれているのはそのためです。各色そろう学業成就守（各500円）やうさぎのおみくじ（各300円）。

【 平等院ミュージアム鳳翔館は
ハイパーミュージアム 】

国宝の鳳凰を見ることができるだけでなく、極彩色で彩られた創建当時の姿の鳳凰堂など、最新CGを駆使した展示も魅力です。圧巻は、「雲中供養菩薩」26軀。平安時代の貴族が夢見た極楽浄土を再現しています。ミュージアムショップも楽しいです。

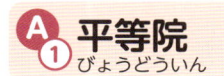

A① 平等院
びょうどういん

中高生 400円

☎ 0774-21-2861 🏠 宇治市宇治蓮華 116 🕐 8：30 ～ 17：30（鳳翔館は 9：00 ～ 17：00）💴 600 円、中高生 400 円（鳳凰堂内部拝観は別途 300 円）

KYOTO

平安時代、ときの権力者、関白・藤原道長が譲り受けた別荘を、息子である頼通が、1052 年に寺院に改めたのがはじまりです。その翌年 1053 年には、10 円硬貨でおなじみの阿弥陀堂（鳳凰堂）が完成し、堂内には、平安時代最高の仏師・定朝によって作られた丈六の阿弥陀如来坐像が安置され、華やかさを極めたとされています。「平等院ミュージアム鳳翔館」は、国宝の鳳凰が見られ、極彩色で彩られた創建当時の姿の鳳凰堂など、最新 CG を駆使した展示も魅力です。

鳳翔館に展示されている鳳凰（国宝）

2014 年に修理が終わり、創建当時の姿に最も近づいた鳳凰堂

ミュージアム内部

A② 宇治上神社
うじかみじんじゃ

無料

☎ 0774-21-4634 🏠 宇治市宇治山田 59 🕐 9：00 ～ 16：30

祭神は、応神天皇とその息子の菟道稚郎子（うじのわきいらつこ）、仁徳天皇。神社としての創建は不詳ですが、現在の宇治上神社、宇治神社を合わせて、平安時代には、宇治鎮守明神、離宮明神、離宮社とも呼ばれ、拝殿にある江戸時代の棟札には、離宮八幡とも書かれています。

本殿は現存するわが国最古の神社建築

B② 福寿園 宇治茶工房
ふくじゅえん うじちゃこうぼう

入館 無料

☎ 050-3152-2930 🏠 宇治市宇治山田 10 🕐 10：00 ～ 17：00 🈡 不定休（HP を要確認）💴 無料、体験は有料

寛政 2（1790）年に創業した宇治茶の老舗「福寿園」の体験施設です。伝統の宇治茶文化に気軽に親しんでほしいという思いから、様々な体験メニューを実施しています（P.127）。体験を楽しんだあとは、茶寮で宇治茶を使った料理や甘味を楽しむのもおすすめです。

工房 1 階には資料館、2 階には茶寮や茶室がある

 B① 興聖寺
こうしょうじ

☎ 0774-21-2040 **住** 宇治市宇治山田 27-1 **時** 夜明け〜日没（おおよそ 5：00〜17：30）**料** 500円、小中高生無料（坐禅体験は 1,000円）

曹洞宗初の修行道場。伏見桃山城の遺構を用いて建立された法堂には、血天井や鴬張りの廊下があります。祠堂殿には、源氏物語ゆかりの手習観音が祀られています。毎月 2 回行われている月例坐禅会のほか、随時坐禅・写経体験を受け付け（P.130）。

B③ 市営茶室対鳳庵
しえいちゃしつたいほうあん

☎ 0774-23-3334（宇治市観光センター）**住** 宇治市宇治塔川 1-5 **時** 10：00〜16：00 **休** 無休 **料** 1 席 1,000円（お菓子付・所要約 20分）ほか

本格的な茶室で宇治茶を気軽に楽しんでほしいという願いで造られた市営の

要予約で体験もできる（画像はイメージ）

茶室で抹茶のお点前がいただけます。香り高い本場の宇治茶と季節の和菓子を味わうことができます。月に数回煎茶道の日があります。

詳細・予約は宇治観光協会 HP から

A③ 宇治市源氏物語ミュージアム
うじしげんじものがたりみゅーじあむ

☎ 0774-39-9300 **住** 宇治市宇治東内 45-26 **時** 9：00〜17：00（入館は〜16：30）**休** 月曜（祝日の場合は翌日）**料** 高校生以上 600円、小中学生 300円

『源氏物語』をテーマにした博物館で、『源氏物語』ファンなら一度は訪れたい施設。光源氏や「宇治十帖」の世界を、模型や映像で分かりやすく紹介しています。テーマごとに分かれた展示ゾーンは、当時の面影や文化だけではなく、『源氏物語』の魅力を多彩な映像で伝えています。映像展示室では、現代の女子高校生が平安時代にタイムスリップし、彼女が見て感じた紫式部の日常や物語成立の背景などを描いたファンタジース

復元展示や映像などで『源氏物語』について楽しく学ぶことができる

トーリー「GENJI FANTASY ネコが光源氏に恋をした」など 3 本の映画を上映しています。図書室には、4500 冊以上の蔵書をとりそろえているので、実際に文章を読んで楽しむこともできます。

鞍馬・貴船

くらま・きふね

大地と森林のパワーをいっぱいチャージできそうなスポット。天狗伝説など、数々の伝説が残された神秘的なエリアです。ハイキングコースとしても定評があります。

京都駅からのアクセス

電車：JR奈良線「東福寺駅」下車、京阪本線に乗り換え「出町柳駅」下車、叡電鞍馬線に乗り換え「鞍馬駅」下車

KYOTO

鞍馬山

貴船神社❸卍

魔王殿

キフネギャラリー

鞍馬寺宝物殿

卍❷鞍馬寺

多宝塔

由岐神社❶卍

鞍馬山鋼索鉄道

卍地蔵寺

京都市 左京区

歓喜院卍

鞍馬駅

鞍馬郵便局

貴船川

叡山電鉄鞍馬線

竜王山

N

0 500m

貴船口駅

出町柳駅へ

❷ **鞍馬寺**
くらまでら

 500円

☎ 075-741-2003　住 京都市左京区鞍馬本町1074
時 9：00〜16：15　料 500円、ケーブル片道200円、霊宝殿200円

770年、鑑真和上の高弟、鑑禎上人が草庵を作り、毘沙門天を祀ったのが創建といわれています。本尊は、千手観世音菩薩、毘沙門天王、護法魔王尊で、三身一体の尊天。牛若丸（源義経）が修行した地としても知られています。本殿から約5分のところには「霊宝殿」もあります。

本殿

本殿前には三角形が埋め込まれたパワースポットがある

歴史

●おすすめコース

大自然を満喫する
山間のハイキングコース

鞍馬寺から貴船へと続く、木の根があらわになった山道「木の根道」には、源義経が天狗から剣術を習ったというゆかりの史跡などが点在しています。

2〜3時間

叡山電鉄 鞍馬線 **鞍馬駅**
→ 徒歩10分 →
① 由岐神社
→ 徒歩15分 →
② 鞍馬寺
→ 徒歩60分 →
③ 貴船神社
→ 徒歩30分 →
叡山電鉄 鞍馬線 **貴船口駅**

---

① 由岐神社
ゆきじんじゃ

無料

☎ 075-741-1670　住 京都市左京区鞍馬本町1073
時 参拝自由

京都三奇祭のひとつ、鞍馬の火祭りで有名な神社。真ん中に石段が通っている拝殿は、割拝殿（わりはいでん）と呼ばれています。こちらの狛犬は子どもを抱いている珍しいスタイルのもので、子孫繁栄の神様として親しまれています。天狗の鈴のなかに入った天狗みくじ500円などがあります。

社殿は杉木立に囲まれている

---

③ 貴船神社
きふねじんじゃ

無料

☎ 075-741-2016　住 京都市左京区鞍馬貴船町180
時 6:00〜20:00　授与受付時間9:00〜17:00（通年）

創建の年代は不詳ですが、伝説によると、神武天皇の皇母にあたる玉依姫命（たまよりひめのみこと）が、黄船に乗り、現在の奥宮の地に至り、水神を祀ったことからと伝えられ、古くから雨乞いの社として信仰されてきました。平安時代の女流歌人、和泉式部が参拝し、心変わりした夫との復縁祈願が成就したことから、縁結びの神様としても信仰を集めています。川のせせらぎ、大木

絵馬発祥の地としても有名

からのマイナスイオン、澄んだ空気…。大地のパワーを体感することができます。

表参道には71基の燈籠が並ぶ

結社にちなんで、枝に結んだ文をかたどったお守り各1,000円

大原

おおはら

京都市街から離れた、比叡山山麓に広がる自然豊かな大原の里。「花の里」ともいわれる山里には、清らかな川のせせらぎが響きます。三千院など、緑のなかひっそり佇む寺院は必見です。

京都駅からのアクセス

バス：京都バス 17 または 18 系統で「大原」下車

① 三千院
さんぜんいん

中高生 400円

☎ 075-744-2531　住 京都市左京区大原来迎院町 540　時 9：00〜17：00（11 月は 8：30〜17：00、12〜2 月は 9：00〜16：30）受付は 30 分前まで　休 無休　料 700 円、中高生 400 円

京都天台宗五箇室門跡の一つで、多くの文化財が残されています。国宝の阿弥陀三尊像が安置された往生極楽院を取り囲む、杉木立ちと苔が美しい有清園は絶景。庭にたたずむわらべ地蔵にも注目です。江戸時代の茶人・金森宗和が自然の美に手を加えて生まれた、客殿から臨む聚碧園も見どころです。

杉木立ちと苔が美しい有清園

庭園のわらべ地蔵

杉村孝、作

歴史

●おすすめコース
心静かに大原の自然と
山里の風情を感じる

『源氏物語』や『平家物語』でも描かれる、貴族の隠れ里だった大原。天台声明を受け継ぐ歴史ある寺院、美しい庭園をめぐり、大原の里で心癒される時間を過ごそう。

2～3時間

 京都バス 大原
→ 徒歩10分 →
① 三千院
→ 徒歩5分 →
② 宝泉院
→ 徒歩30分 →
③ 寂光院
→ 徒歩20分 →
 京都バス 大原

---

③ 寂光院
じゃっこういん

中学生/高校生 **350/600円**

☎ 075-744-3341　住 京都市左京区大原草生町676
時 9:00～17:00（12～2月は～16:30）
休 無休　料 600円、中学生 350円

聖徳太子が、父の用明天皇の菩提を弔うために建立したと伝わる、天台宗の尼寺です。平清盛の娘・建礼門院が晩年を過ごしたことでも知られ、『平家物語』の舞台にもなっています。本堂前西側にある庭園には、物語にも描かれた風情のある汀の池と桜があり、当時をしのぶことができます。

平家物語当時の様式で復元された本堂

緑に囲まれた参道

---

② 宝泉院
ほうせんいん

中高生 **700円**

☎ 075-744-2409　住 京都市左京区勝林院町187
時 9:00～17:00（受付は～16:30）　休 無休
料 茶菓子付 800円、中高生 700円

柱と柱の空間を額縁に見立てて観賞する「額縁庭園」は、大原の自然を切り取った美しい絵画のよう。樹齢700年の五葉松や、戦いの跡が残る伏見城の床板を供養のため天井にした「血天井」も有名です。

額縁庭園は夢のような美しさ

ひといきスポット

OHARA RIVER SIDE CAFE
KIRIN
おおはら りばーさいどかふぇ きりん

ここでしか味わえない大原の米・野菜・水を使ったこだわりのメニューが豊富。大原野菜のおばんざい・サラダバイキング付「里のめぐみおにぎりランチ（2,000円）」は大人気。スイーツやドリンクもあります。

☎ 075-744-2239　住 京都市左京区大原来迎院町114　時 11:30～16:30　休 火曜

テーマを決めて
めぐるコース

時代や人物にこだわったコースを考えたり、「仏像」「建築」「美術」などテーマを決め、十分な下調べしてから京都の街をめぐると、より理解が深まります。人気の寺社でお目当てのお守りを手に入れるご利益めぐりや、キャンパスめぐりをかねて大学の博物館などを回るのもおすすめです。興味があるテーマでコース作りをしてみましょう。

●ご利益
学力アップ、勝運アップ！
開運スポットをめぐろう

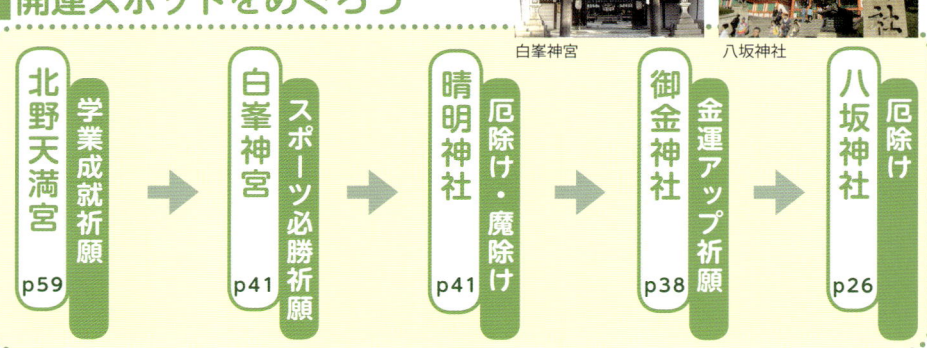

白峯神宮　八坂神社

北野天満宮　学業成就祈願　p59
→
白峯神宮　スポーツ必勝祈願　p41
→
晴明神社　厄除け・魔除け　p41
→
御金神社　金運アップ祈願　p38
→
八坂神社　厄除け　p26

●ご利益
縁結びスポットめぐれば
きっと願いはかなうはず

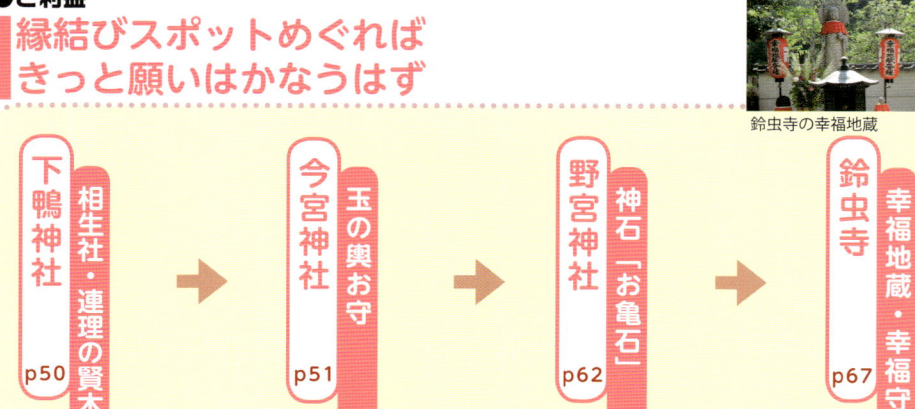

鈴虫寺の幸福地蔵

下鴨神社　相生社・連理の賢木　p50
→
今宮神社　玉の輿お守　p51
→
野宮神社　神石「お亀石」　p62
→
鈴虫寺　幸福地蔵・幸福守　p67

●仏像
京都の仏像がたくさんパワーをもらいに行こう

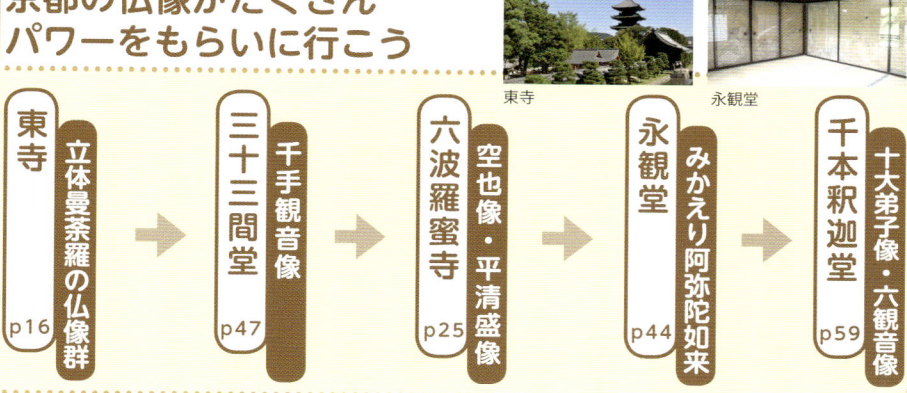

東寺　永観堂

- 東寺　立体曼荼羅の仏像群　p16
- →
- 三十三間堂　千手観音像　p47
- →
- 六波羅蜜寺　空也像・平清盛像　p25
- →
- 永観堂　みかえり阿弥陀如来　p44
- →
- 千本釈迦堂　十大弟子像・六観音像　p59

●庭園
自然や思想を感じられる名庭めぐりで癒されよう

平安神宮　二条城

- 平安神宮　明治時代　池泉回遊式庭園　p30
- →
- 二条城　江戸時代　池泉回遊式庭園　p38
- →
- 金閣寺　室町時代　池泉回遊式庭園　p58
- →
- 龍安寺　室町時代　枯山水庭園　p58
- →
- 天龍寺　室町時代　借景庭園　p63

●文学史跡
文学作品の舞台となった地をめぐってみよう

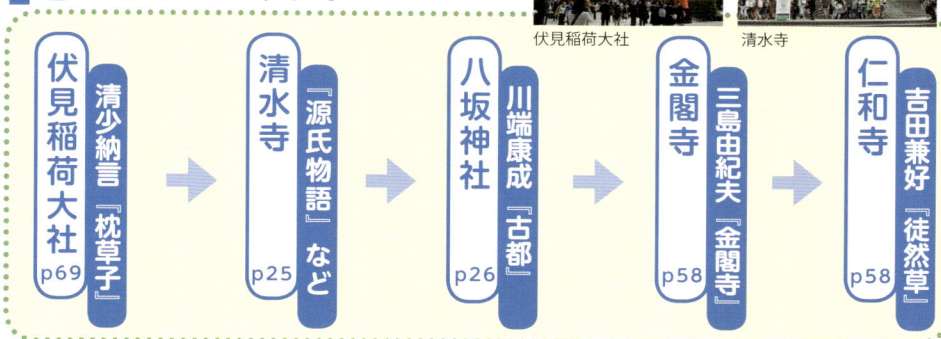

伏見稲荷大社　清水寺

- 伏見稲荷大社　清少納言『枕草子』　p69
- →
- 清水寺　『源氏物語』など　p25
- →
- 八坂神社　川端康成『古都』　p26
- →
- 金閣寺　三島由紀夫『金閣寺』　p58
- →
- 仁和寺　吉田兼好『徒然草』　p58

奈良のアクセス

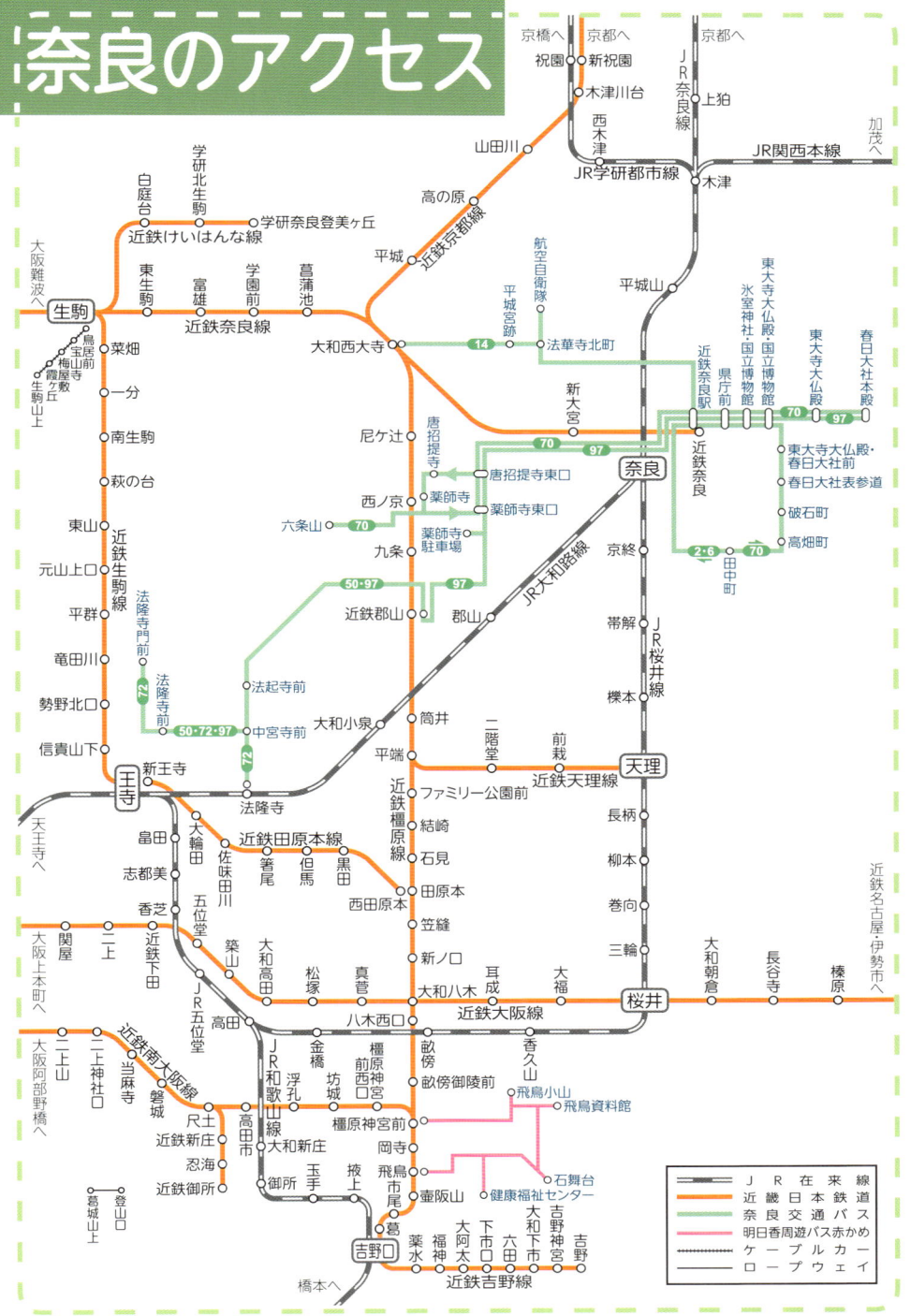

凡例
- JR在来線
- 近畿日本鉄道
- 奈良交通バス
- 明日香周遊バス赤かめ
- ケーブルカー
- ロープウェイ

奈良公園周辺

ならこうえん

奈良観光のメインエリアで、必ず押さえておきたい観光スポットを網羅しています。興福寺・東大寺・春日大社の三大社寺を中心に奈良公園をほぼ一周するコースは、奈良に来たら必ず寄りたい名所ばかりです。猿沢池の南側は、格子のある町家など古い町並みが残る人気の散策スポットです。

奈良駅からのアクセス

電車：近鉄京都駅から京都線・奈良線を乗り継いで「近鉄奈良駅」へ。JR大阪駅から大阪環状線・大和路線で「奈良駅」下車

NARA

歴史

● おすすめコース **A**

奈良観光の名所・王道コース

奈良で必ず押さえておきたい三大社寺、興福寺・東大寺・春日大社と、王道の観光スポットを加えたコース。どこに行っても鹿と対面できます。

6時間〜

近鉄 奈良線 **近鉄奈良駅** → 徒歩7分 → ① **興福寺** → 徒歩7分 → ② **奈良国立博物館** → 徒歩15分 → ③ **東大寺** → 徒歩15分 → ④ **若草山** → 徒歩10分 → ⑤ **春日大社** → 徒歩15分 → ⑥ **新薬師寺** → 徒歩30分 → 近鉄 奈良線 **近鉄奈良駅**

文化

● おすすめコース **B**

風情ある町並みをめぐるならまち散策コース

奈良で一番古い町「ならまち」。歴史深い町家を利用したスポットをめぐり、奈良のくらしにふれてみませんか。カフェや雑貨屋も点在しています。

2〜3時間

近鉄 奈良線 **近鉄奈良駅** → 徒歩10分 → ① **奈良町からくりおもちゃ館** → 徒歩3分 → ② **奈良町にぎわいの家** → 徒歩すぐ → ③ **奈良町資料館・庚申堂** → 徒歩3分 → ④ **ならまち格子の家** → 徒歩5分 → ⑤ **元興寺** → 徒歩15分 → 近鉄 奈良線 **近鉄奈良駅**

Check Point!

ひろ〜〜いひろ〜〜い奈良公園

奈良公園は660ヘクタールの広さで、春日大社、興福寺、東大寺や奈良国立博物館、正倉院などと、これらをとりまく雄大で豊かな緑の自然美が調和した歴史公園です。そこで暮らす鹿は約1200頭もいます。

大仏様の手のひらに乗れる？

近鉄奈良駅5階にある「クラブツーリズム」のギャラリーには、大仏の左手のレプリカが展示されて

おり、上に乗ることができます。また新薬師寺の十二神将のレプリカもあり意外な穴場です。
営業時間：月〜金曜 10：00 〜 16：00

Ⓐ① 興福寺
こうふくじ

中高生 200円〜

☎ 0742-22-7755 住奈良市登大路町 48 時9：00〜17：00（受付は〜16：45）料東金堂：300円、中高生 200円、国宝館：700円、中高生 600円、共通券：900円、中高生 700円

法相宗の大本山で、天智8（669）年、藤原鎌足夫人が京都に建てた山階寺（やましなでら）が始まり。藤原京に移されると厩坂寺（うまやさかでら）と名を改め、藤原不比等が平城京遷都の際、興福寺と名付けられました。以後、天皇家や藤原氏の力で整備が進められ、奈良時代には四大寺、平安時代には七大寺の一つに数えられ、勢力を広げました。古都奈良のシンボルである、国宝の五重塔や三重塔、東金堂、平成30年に再建された中金堂など建物はもちろん、天平時代を代表する仏像、阿修羅像をはじめ、仏像の宝庫としても見どころがいっぱいです。

NARA

Ⓐ② 奈良国立博物館
ならこくりつはくぶつかん

無料

☎ 050-5542-8600（ハローダイヤル）住奈良市登大路町 50 時9：30〜17：00（入館は〜16：30）※季節により閉館時間が異なる 休月曜（祝日の場合は翌日）料700円、高校生以下無料（特別展は別料金）

仏像・仏画・経典・仏教工芸品など、仏教にまつわる多くの美術品を収蔵する博物館。仏像を多く展示す

飛鳥時代から鎌倉時代までの優れた仏像を展示

る「なら仏像館」と正倉院正倉をイメージした東西の新館からなり、毎年秋に開催される、「正倉院展」には多くの人が訪れます。

建物は重要文化財で明治のレンガ建築の「なら仏像館」

Ⓐ③ 東大寺
とうだいじ

中高生 600円

☎ 0742-22-5511 住奈良市雑司町 406-1 時大仏殿 7：30〜17：30（11〜3月は 8：00〜17：00）、他のお堂、施設については HP 参照 料大仏殿・法華堂・千手堂・東大寺ミュージアム 中学以上各 600円、小学生 300円
※戒壇堂修理による拝観停止のため千手堂を公開中

かつての奈良の都・平城京の東にある東大寺は、華厳宗の大本山です。奈良時代、聖武天皇が仏教の力で国を守ろうとしたことが東大寺建立のきっかけです。世界最大級の木造建造物として名高い大仏殿の本尊・大仏様（盧舎那仏）は像高約 15 m、顔の長さ約 5m で、スケールの大きさに驚きます。何度も修復しましたが、腹部から膝、台座に

盧舎那仏は、世界を照らす仏の意

東大寺の正門で高さ25メートルの南大門

かけて、奈良時代のままの部分も残ります。運慶・快慶らが制作した金剛力士像が立つ南大門、二月堂、法華堂（三月堂）など、国宝や重要文化財の建物がたくさんあります。また、平成 23 年に東大寺ミュージアムがオープンしました。

修二会（お水取り）の舞台、二月堂

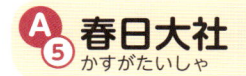

Ⓐ⑤ 春日大社
かすがたいしゃ

無料

☎ 0742-22-7788　住 奈良市春日野町160　時 6：00～18：00（3～10月は6：30～17：00、授与所は8：00～閉門時間）　料 無料（本殿前特別参拝は500円）

　今からおよそ1,300年前、奈良に都ができた頃、平城京の守護神として、常陸国（今の茨城県）から、武甕槌命（たけみかづちのみこと）を御蓋山（みかさやま）山頂に迎えたことに始まる神社。この神様が白鹿に乗って来られたことから、鹿は神様の使

南門など、歴史ある建造物が点在している

中門は本殿の直前にある高さ10mの楼門

いとして大切にされています。境内には、国宝の本殿をはじめとする朱塗りの社殿が建ち並んでいます。境内の末社「夫婦大國社」は、日本で唯一、大国様とそのお后を夫婦で祀っており、恋愛成就にご利益があるとして評判です。

鹿みくじ（木製）と白鹿みくじ（陶器製）

Ⓐ④ 若草山
わかくさやま

150円

☎ 0742-22-0375（奈良公園事務所）　住 奈良市雑司町　時 9：00～17：00　※開山は3月第3土曜～12月第2日曜　料 中学生以上150円、3歳以上80円

　若草山は、奈良公園のシンボルともいえる、標高342mの山です。山開き期間中は、多くの観光客が訪れる人気のスポッ

入口は南北2つのゲートがある

トで、頂上まで30～40分のトレッキングを楽しめます。頂上からは、奈良公園はもちろん奈良市街地を一望でき、生駒山まで見渡せます。

頂上からの眺望も楽しめる

Ⓐ⑥ 新薬師寺
しんやくじ

中高生
350円

☎ 0742-22-3736　住 奈良市高畑町1352　時 9：00～17：00（受付は～16：45）　料 600円、中高生350円

　天平19（747）年、光明皇后が聖武天皇の病気がよくなることを祈って建てた寺院といわれています。本堂は天平時代に建てられたもので、内部には本尊の薬師如来坐像を囲むように等身大の十二神将立像が安置されています。昭和に復元された1体を除く11体と本尊、本堂はいずれも国宝です。

迫力満点の十二神将

B① 奈良町からくり おもちゃ館
ならまちからくりおもちゃかん

【無料】

☎ 0742-26-5656　住 奈良市陰陽町 7　時 9：00〜17：00　休 水曜（祝日の場合は開館）　料 無料

　長い間、江戸時代のからくりおもちゃを研究してきた奈良大学の研究室から寄贈された 600 点を超えるおもちゃを手にとって遊ぶことができます。江戸時代の素朴なからくりおもちゃで遊ぶと思わず時間を忘れてしまいます。自然素材を使った体験イベントもあります。（要予約）10 人以上の団体は事前予約が必要です。

江戸時代のからくりおもちゃを楽しめる

B③ 奈良町資料館／庚申堂
ならまちしりょうかん／こうしんどう

【無料】

☎ 0742-22-5509　住 奈良市西新屋町 14　時 10：00〜16：00（庚申堂は自由）　休 無休　料 無料

　仏像や江戸〜明治期の生活民具、古い商家の絵看板などを展示する私設の資料館。すぐそばに、青面（しょうめん）金剛像「庚申さん」が祀られる「庚申堂」が

「身代り申」は資料館で製作販売している

あり、庚申さんのお使いの猿を型どったお守りは、魔除けの「身代り申」として、ならまちの家の軒先にぶらさがっています。

ならまちの中心にある「庚申堂」

B② 奈良町 にぎわいの家
ならまちにぎわいのいえ

【無料】

☎ 0742-20-1917　住 奈良市中新屋町 5　時 9：00〜17：00　休 水曜（祝日の場合は開館）　料 無料

　「春分」や「秋分」など季節の行事やしつらえを展示した築 100 年の町家。茶室や、通り庭、かまどなど、自然を楽しんできた住ま

奥には江戸時代の蔵もある

いの知恵や木のぬくもりを体感できます。かまどでご飯を炊く体験（要予約・500 円）もできます。

1917 年建築の日本家屋

B④ ならまち格子の家
ならまちこうしのいえ

【無料】

☎ 0742-23-4820　住 奈良市元興寺町 44　時 9：00〜17：00　休 月曜（祝日の場合は翌日）　料 無料

　江戸時代末期の伝統的な町家を再現した建物。「ウナギの寝床」ともいわれる奥行きの深い建屋

間口が狭く奥行が広い典型的な町家

には、格子・虫籠窓をはじめ土間や中庭、明かり取り、箱階段など、当時の生活を実感できる仕掛けがいっぱいあります。トイレやベンチがあるので、散策の休憩所としても立ち寄れます。

格子の持つ役割も理解できる

NARA

B-5 元興寺
がんごうじ

中高生 300円

☎ 0742-23-1377　**住** 奈良市中院町 11　**時** 9：00 ～
17：00　**料** 500円、中高生 300円

　元興寺は、蘇我馬子が飛鳥の地に建て
たわが国最古の寺院、法興寺（飛鳥寺）を
平城京に移したものです。奈良時代は南北
500m、東西 250m に及ぶ大伽藍で南都七大
寺のひとつとして栄えましたが、平安時代
の中ごろから衰えました。見どころは、国
宝の極楽堂、禅室、五重小塔など。極楽堂
と禅室の屋根の一部の瓦は、日本最初の瓦
で飛鳥から
運び移され
たものです。

極楽堂・禅室の屋
根の一部には、創
建当時の瓦が残る

ひといきスポット

鹿の舟
しかのふね

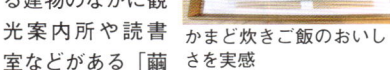

かまど炊きご飯のおいし
さを実感

大正時代から残
る建物のなかに観
光案内所や読書
室などがある「繭
（まゆ）」、かまどで炊いたご飯と奈良の
食材を使ったおかずを楽しめる「竃（か
まど）」、ティールーム「囀（さえずり）」
の 3 つの建物からなる複合施設。奈良
について学習し
たり、おいしい
ご飯を食べた
り、休憩したり
できます。

大正時代の建物を活用

☎ 0742-94-3500（繭）　**住** 奈良市井上町 11
時休料 施設により異なる

おみやげスポット

奈良ならではのおみやげを
ゲットしよう！

奈良しかさんマフィン
400 円
奈良のしかさん
サブレ
480 円～

ちょっとおデブな鹿 candle 各 520 円

シール（5 枚）450 円
木の子鹿バッジ 680 円

青丹よし寧楽色キャンドル 840 円

幸福スイーツ
アルカイック
こうふくすいーつあるかいっく

贈る人も贈られる人も幸せに
なるようなスイーツが並ぶ店。
奈良みやげにぴったりな、鹿
モチーフのかわいい焼き菓子
もそろっています。

☎ 0742-24-7007　**住** 奈良市福
智院 44-1　**時** 10：30 ～ 18：00
休 水曜

PaPiER + par je et nous
ぱぴえぶりゅす

アクセサリーやバッグなど、
キュートなオリジナル鹿グッ
ズがそろう近鉄奈良駅構内の
ジュエヌ 2 号店。旅先から便
りを書く机も置かれています。

☎ 0742-26-1868　**住** 奈良市東
向中町 29 近鉄奈良駅 B1 階
時 11：00 ～ 18：00　**休** 火水木曜

canata conata
かなたこなた

色とりどりの鹿をはじめ、お地
蔵さん、埴輪、古墳、勾玉など、
火をつけるのがもったいなくな
るような、かわいらしいキャン
ドルがたくさんあります。

☎ 0742-24-8178　**住** 奈良市元
林院町 35　**時** 11：00 ～ 17：
00　**休** 月・火曜（祝日は営業）

西ノ京・佐保路

にしのきょう・さほじ

奈良駅からの アクセス

電車：近鉄奈良線「新大宮駅」下車。近鉄橿原線を乗り継いで「西ノ京駅」下車

自然を残した広大な「平城宮跡歴史公園」を囲むように、美しい寺院や古墳が点在しているエリアです。東大寺の転害門から法華寺までの佐保路、さらに西へ続く佐紀路。平城の昔から続く3つの古寺が残っています。平城京の右京にあたる西ノ京には、見事な田園風景が広がっています。

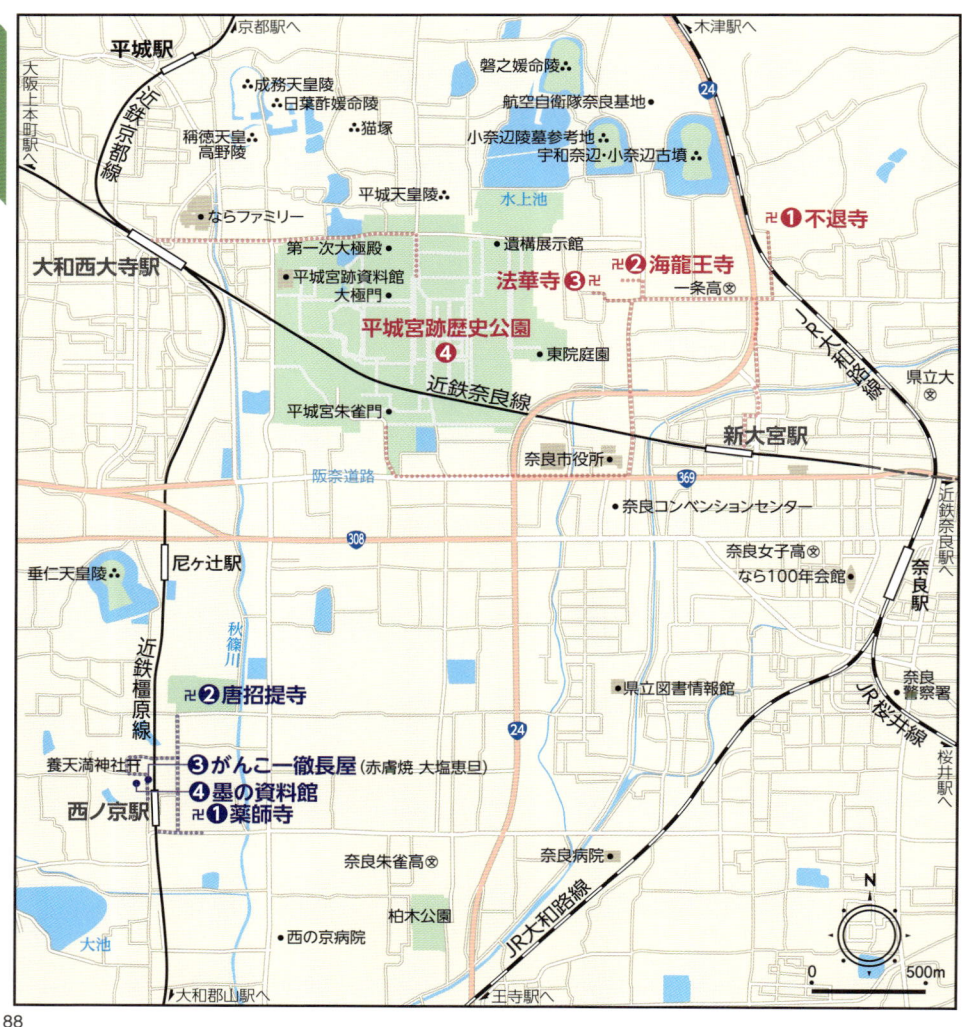

●おすすめコース A
広大な平城宮跡で歴史ロマンを感じる

大スケールの平城宮跡歴史公園は、たっぷりと時間をとって回りたいスポット。天平文化を伝える周辺の歴史スポットも押さえておきたい寺院ばかりです。

5-6 時間

近鉄奈良線 新大宮駅 → 徒歩15分 → ① 不退寺 → 徒歩15分 → ② 海龍王寺 → 徒歩5分 → ③ 法華寺 → 徒歩10分 → ④ 平城宮跡歴史公園 → 徒歩10分 → 近鉄奈良線 大和西大寺駅

●おすすめコース B
世界遺産の2大寺院を制覇するコース

世界遺産の2つの大寺院、薬師寺と唐招提寺がこのエリアの見どころです。郊外ならではの、のどかな雰囲気も気持ちが和らぎます。

2-3 時間

近鉄橿原線 西ノ京駅 → 徒歩すぐ → ① 薬師寺 → 徒歩8分 → ② 唐招提寺 → 徒歩10分 → ③ がんこ一徹長屋 → 徒歩すぐ → ④ 墨の資料館 → 徒歩5分 → 近鉄橿原線 西ノ京駅

Check Point!

【 平城宮跡資料館で学ぼう！ 】

平城宮跡資料館は、出土品はもちろんのこと、宮殿内部の様子から役所の仕事まで、平城宮のことをわかりやすく展示しています。また、平城宮跡の主なスポットにはボランティアの方が常駐しているので、気軽に質問してみましょう。

【 第一次大極殿は内部の壁も見どころ！ 】

平城遷都1300周年にあたる2010年に復原が完了した「第一次大極殿」は、内壁にも注目。

上村松園の孫にして松篁の息子、奈良在住の日本画家・上村淳之（あつし）氏による四神と十二支が描かれています。

A④ 平城宮跡歴史公園
へいじょうきゅうせきれきしこうえん

無料

☎ 0742-36-8780（平城宮跡管理センター）**住** 奈良市佐紀町・二条大橋南 **時** 見学自由（施設により異なる）**休** 施設により異なる **料** 無料

和銅3（710）年から延暦3（784）年までの74年間、都として栄えた平城京の宮城だった平城宮の跡地です。現在は史跡公園として整備されています。敷地面積は約130haで、南には巨大な朱雀門、東には東院庭園が原寸大で復原されています。また、北には当時国の重要な儀式に使われていた、

都で最も神聖な場所だった第一次大極殿では2010年の

巨大な朱雀門

第一次大極殿に続き、2022年に大極門の復原が完了しました。大極門東側に登楼が復元工事中（2025年完成予定）です。

正面約44m、高さ約27mの大きさを誇る第一次大極殿

貴重な古代庭園として特別名勝に指定されている東院庭園

B① 薬師寺
やくしじ

中高生 500円

☎ 0742-33-6001 **住** 奈良市西ノ京457 **時** 8：30～17：00（受付は～16：30）**料** 800円、中高生500円、玄奘三蔵院伽藍公開時1,100円、中高生700円

天武天皇が皇后（のちの持統天皇）の病気回復を祈って建てた寺院です。もとは、藤原京に建てられていましたが、平城宮の完成にともない、現在地に移されました。当時の建造物で現存するのは国宝の東塔のみ。金堂には、白鳳時代に作られた薬師三尊像（国宝）が安置されています。

国宝の金堂

B② 唐招提寺
とうしょうだいじ

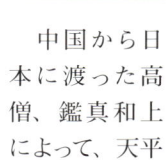
中高生 400円

☎ 0742-33-7900 **住** 奈良市五条町13-46 **時** 8：30～17：00（受付は～16：30）**料** 1,000円、中高生400円 ※国宝鑑真和上像の公開は毎年6/5～7の開山忌のみ

中国から日本に渡った高僧、鑑真和上によって、天平宝字3（759）年に建てられ

昭和35（1960）年に再建された南大門

ました。8世紀後半に鑑真の弟子が金堂を完成させました。国宝の金堂や講堂など迫力ある天平建築がならび、見どころもいっぱいです。御影堂に安置される鑑真和上坐像は、日本最古の肖像彫刻として有名です。

NARA

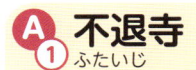

不退寺
ふたいじ

中高生 300円

☎ 0742-22-5278 住 奈良市法蓮町 517 時 9：00 ～ 17：00 料 500 円、中高生 300 円（特別展 400 円）

平城天皇が退位後に過ごした御所を、平安時代に孫である在原業平が寺に改めました。業平は、六歌仙のひとりとしても知られる平安時代の歌人で、『伊勢物語』の主人公ともいわれ「業平寺」とも呼ばれています。レンギョウ、ツバキ、スイレンなど四季折々の花が美しい庭も必見です。

四季折々の花に囲まれた在原業平ゆかりの寺

法華寺
ほっけじ

中学生/高校生 300/500円

☎ 0742-33-2261 住 奈良市法華寺町 882 時 9：00 ～ 17：00（受付は～ 16：30）料 高校生以上 500 円、中学生 300 円、特別公開時高校生以上 1,000 円、中学生 500 円

大和三門跡のひとつに数えられる尼寺。光明皇后が、父親である藤原不比等の住居を寺としたのがはじまりです。通年で

本尊の十一面観世音菩薩立像を安置

国宝維摩居士坐像及び重要文化財仏頭なども拝観できます。光明皇后をモデルにしたという木造十一面観音立像（国宝）は、平安時代を代表する彫刻作品の一つで、年 3 回公開されます。手作りの犬形のお守りは安産と厄除けのご利益があると人気です。

海龍王寺
かいりゅうおうじ

中高生 200円

☎ 0742-33-5765 住 奈良市法華寺北町 897 時 9：00 ～ 16：30 休 8/12 ～ 17、12/25 ～ 31 料 500 円、中高生 200 円、一般特別拝観 600 円、中高生 300 円

飛鳥時代に毘沙門天を本尊として建てられた寺院。731 年光明皇后により海龍王寺として改めて創建されました。嵐のなか、海龍王経を唱えて、無事唐から帰国した僧・玄昉にちなみ、旅の安全祈願に訪れる人も多くいます。西金堂内には国宝・五重小塔。本堂には十一面観世音菩薩立像が安置されています。

国宝の五重小塔

がんこ一徹長屋
がんこいってつながや

無料

☎ 0742-41-7011 住 奈良市西ノ京町 215-1 時 9：00 ～ 17：00（受付は～ 16：30）休 月曜（祝日の場合は翌日）、8 月 料 無料

奈良時代から受け継がれる伝統工芸の数々に、気軽に触れることのできる施設。赤膚焼、なら組み紐、奈良漆、なら筆などの職人さんが一棟の長屋に集まっていて、間近で見学できるように仕事場を開放しています。

墨の資料館
すみのしりょうかん

無料

☎ 0742-41-7155 住 奈良市六条 1-5-35 時 9：00 ～ 17：00（受付は～ 16：30）休 月曜（祝日の場合は翌日）、8 月 料 無料

奈良墨の墨運堂が工場内に開いた資料館で、「がんこ一徹長屋」に隣接しています。10 ～ 4 月末頃には型入れ作業の見学や、にぎり墨の体験（要予約）ができます（P.134）。

法隆寺周辺

ほうりゅうじ

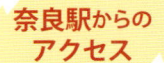

日本の古代史上で最も有名な人物の一人、聖徳太子ゆかりの地。のどかな田園風景のなかに、世界的規模の大寺院、法隆寺をはじめ、太子ゆかりの地が点在しています。

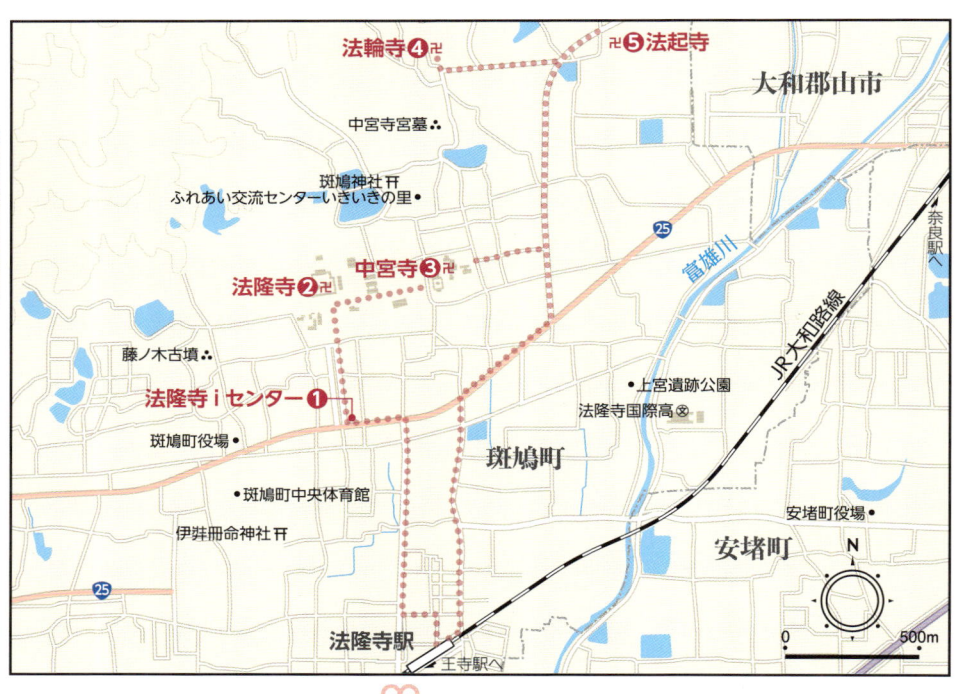

● 法隆寺
② ほうりゅうじ

中高生 1,500円

☎ 0745-75-2555　住 生駒郡斑鳩町法隆寺山内 1-1
時 8：00 〜 17：00（11/4 〜 2/21 は〜 16：30）
料 西院伽藍内・大宝蔵院・東院伽藍内共通券 1,500 円

　推古 15（607）年、聖徳太子と推古天皇によって建てられた寺院。約 18 万 7000 ㎡に及ぶ広大な境内は、わが国最古である五重塔と法隆寺最古の建築である金堂を中心とする西院伽藍と、太子の住んだ斑鳩宮跡・夢殿を中心とする東院伽藍に分かれています。寺宝の仏像や工芸品を集めた大宝蔵院・百済観音堂には、水瓶を持つ姿で知られる

百済観音立像や玉虫厨子など数々の名宝が展示されています。1400 年間受け継がれてきた遺産は、国宝と重要文化財だけでなんと 3,000 余点に及びます。1993 年に仏教美術の宝庫として、日本初の世界文化遺産に登録されました。建築物、仏像 ・・・ 何をとってもスケールが大きく世界規模のお寺なのです。

歴史

● おすすめコース
聖徳太子ゆかりの地で飛鳥時代の文化にふれる

世界的に有名な法隆寺、中宮寺、法輪寺、法起寺と、いずれも聖徳太子ゆかりの寺院。せっかくなのでくまなく押さえておこう。

3〜4時間

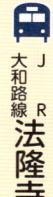
JR大和路線 **法隆寺駅**
↓ 徒歩15分
① **法隆寺iセンター**
↓ 徒歩3分
② **法隆寺**
↓ 徒歩8分
③ **中宮寺**
↓ 徒歩15分
④ **法輪寺**
↓ 徒歩10分
⑤ **法起寺**
↓ 徒歩35分
JR大和路線 **法隆寺駅**

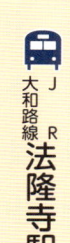

① ## 法隆寺iセンター
ほうりゅうじあいせんたー 　**無料**

☎ 0745-74-6800　住 生駒郡斑鳩町法隆寺 1-8-25　時 8：30〜18：00　休 無休　料 無料

斑鳩の里の情報発信基地です。観光マップなどの資料を配布しているほか、オリジナルグッズの販売もしています。レンタサイクルの貸出もしています。斑鳩観光の拠点にしたい施設です。

町家をイメージした建物

---

③ ## 中宮寺
ちゅうぐうじ　中学生/高校生 **450/600円**

☎ 0745-75-2106　住 生駒郡斑鳩町法隆寺北 1-1-2　時 9：00〜16：30（10/1〜3/20は〜16：00）受付終了は各15分前　料 高校生以上 600円、中学生 450円 ※法隆寺参拝者割引あり

聖徳太子の母、穴穂部間人（あなほべのはしひと）皇后の発願で創建した日本最古の尼寺。優美な造りの本堂には、菩薩半跏像（国宝）と、日本最古の刺繍、天寿国曼荼羅繍帳（レプリカ）が祀られています。

室町時代に建てられた現在の寺

---

④ ## 法輪寺
ほうりんじ　中高生 **400円**

☎ 0745-75-2686　住 生駒郡斑鳩町三井 1570　時 8：00〜17：00（12〜2月は〜16：30、いずれも受付は30分前まで）　料 500円、中高生 400円

聖徳太子の子、山背大兄皇子（やましろのおおえのみこ）が、太子の病気の回復を祈って建てた寺。本尊の薬師如来坐像は、飛鳥時代の仏像です。国宝であった三重塔は落雷で焼け、昭和50（1975）年に再建されました。

斑鳩三塔のひとつがそびえる

---

⑤ ## 法起寺
ほうきじ　中高生 **300円**

☎ 0745-75-5559　住 生駒郡斑鳩町岡本 1873　時 8：30〜17：00（11/4〜2/21は〜16：30）　料 300円

聖徳太子の岡本宮を子である山背大兄皇子が寺に改めたのが始まりです。法隆寺とは金堂・塔の位置が逆の配置ということで知られています。シンボルの三重塔は、寺の創建から約70年後の慶雲3（706）年に建てられました。現存の三重塔では、日本最古として知られています。世界遺産に登録されています。

飛鳥

あすか

飛鳥時代に都があった場所がここ。大和三山を見渡せる飛鳥地域は、のんびりとした田園風景のなかに、古代史を伝える史跡や石造物が点在しています。これらの古寺や遺跡で、仏教を心の支えに天皇や家族たちがドラマを繰り広げたのです。飛鳥ロマンを感じるルートです。

奈良駅からのアクセス

電車：近鉄奈良線・橿原線・吉野線を乗り継いで「飛鳥駅」下車

歴史

道端に古代の石造物が点在する飛鳥は、古代遺跡の宝庫です。飛鳥を代表する、謎に包まれたスポットをめぐり、飛鳥ロマンに思いを馳せてみましょう。

● おすすめコース
古代の日本の都をくまなく 回るサイクリングコース

近鉄吉野線 飛鳥駅 → 自転車8分 → ① 高松塚壁画館 → 自転車8分 → ② 亀石 → 自転車8分 → ③ 橘寺・二面石 → 自転車7分 → ④ 石舞台古墳 → 自転車8分 → ⑤ 岡寺 → 自転車8分 → ⑥ 酒船石・亀形石造物

自転車3分

⑦ 奈良県立万葉文化館 → 自転車3分 → ⑧ 飛鳥寺 → 自転車6分 → ⑨ 甘樫丘 → 自転車8分 → ⑩ 鬼の雪隠・鬼の俎 → 自転車4分 → ⑪ 猿石 → 自転車3分 → 近鉄吉野線 飛鳥駅

Check Point!

【 レンタサイクルを 活用しよう 】

飛鳥の見どころは広範囲に散らばっています。そこでおすすめなのがレンタサイクル。飛鳥めぐりの起点となる飛鳥駅前には明日香レンタサイクル（0744-54-3919、9：00〜17：00、1日900円、土・日曜祝日1,000円、修学旅行生は割引あり）があります。ぜひ活用して効率よく回りたいですね。

【 飛鳥は大化の改新の 歴史舞台！ 】

飛鳥時代の中期（645年）、政治の実権を握っていた蘇我入鹿を中大兄皇子（のちの天智天皇）と中臣鎌足が討ち滅ぼしました。これが「乙巳の変」です。その後の改革は、「大化の改新」として、広く知られています。教科書でもおなじみのこの事件の舞台は飛鳥だったのです。甘樫丘の東にある「飛鳥宮跡（伝飛鳥板蓋宮跡）」がその場所といわれています。

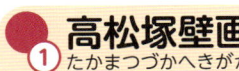

① 高松塚壁画館
たかまつづかへきがかん

中学生／高校生 **70/130**円

☎ 0744-54-3340 住 高市郡明日香村平田 439 時 9：00 ～ 17：00（入館は～ 16：30）休 4・7・11・2 月の第 2 月曜 料 300 円、高校生 130 円、中学生 70 円

高松塚古墳の隣にある壁画館では、「飛鳥美人」の名で有名な女子群像をはじめ、四神、天文図など、発見当初の現状複写壁画を展示しています。そのほか、本物と同じ大きさの石室の模型や副葬品（レプリカ）なども展示されていて、高松塚古墳について詳しく学ぶことができます。

壁画館外観

現状模写壁画

③ 橘　寺
たちばなでら

中高生 **300**円

☎ 0744-54-2026 住 高市郡明日香村橘 532 時 9：00 ～ 17：00（受付は～ 16：30）料 400 円、中高生 300 円

小高い仏頭山のふもとにあり、白壁をめぐらせた風情ある橘寺は、聖徳太子生誕の地ともいわれています。江戸時代に再建された本堂には、木造聖徳太子坐像が安置され、35 歳の太子が推古天皇に経典を説く姿だそうです。境内には善悪の顔を持った二面石もあります。

本堂前には太子の愛馬像が立つ

境内にある二面石

④ 石舞台古墳
いしぶたいこふん

中高生 **100**円

☎ 0744-54-3240（飛鳥観光協会）住 高市郡明日香村島庄 時 8：30 ～ 17：00（受付は～ 16：45）料 300 円、高校生以下 100 円

全長約 19m、重さ約 77 トン、64 トンの 2 つの天井石に覆われた日本最大級の横穴式石室で、国の特別史跡に指定されています。6 世紀後半に権力を握った蘇我馬子の墓とされ、長さ約 7.7m、幅約 3.5m、高さ 4.7m の玄室には入ることもできます。外から見るよりずっと天井が高いのに驚かされます。

天井は 64 トンと 77 トンの巨石に覆われている

⑤ 岡　寺
おかでら

中学生／高校生 **200/300**円

☎ 0744-54-2007 住 高市郡明日香村岡 806 時 8：30 ～ 17：00（12 ～ 2 月は～ 16：30）料 400 円、高校生 300 円、中学生 200 円

天智天皇の勅願により、義淵（ぎえん）僧正が開いた寺。本尊は、奈良時代に作られた高さ 4.85m の如意輪観音坐像です。弘法大師が日本、中国、インドの土を使って作ったとされる日本最大の塑像です。山の傾斜を利用した境内は、花の名所でもあります。

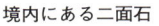

巨大な如意輪観音坐像を祀る本堂

重要文化財の仁王門

NARA

⑦ 奈良県立万葉文化館
ならけんりつまんようぶんかかん
無料

☎ 0744-54-1850　住 高市郡明日香村飛鳥 10
時 10：00 〜 17：30（入館は〜 17：00）　休 月曜（祝日の場合は翌平日）、展示替え日　料 無料、展覧会は有料（詳細は HP で確認）

　『万葉集』をテーマに多彩な展示を行う複合施設。飛鳥・奈良時代の文化を体験できるさまざまな仕掛けがあります。人形と映像による歌劇や

万葉劇場のようす

アニメーションを上映する「万葉劇場」もあり、万葉の時代を身近に感じることができます。日本画を中心とした展覧会や講座、イベントも行っています。

渡り廊下

⑧ 飛鳥寺
あすかでら
中高生 250 円

☎ 0744-54-2126　住 高市郡明日香村飛鳥 682
時 9：00 〜 17：15（10 〜 3 月は〜 16：45）
休 4/7 〜 9　料 350 円、中高生 250 円

　蘇我馬子が推古 4（596）年に建てた日本初の本格的寺院で、法興寺、元興寺とも呼ばれていました。本尊の釈迦如来坐像は、推古天皇が仏師・鞍作止利（くらつくりのとり）に作らせた日本最古の仏像です。「飛鳥大仏」として親しまれています。

江戸時代に再建された本堂

⑨ 甘樫丘
あまかしのおか
無料

☎ 0744-54-2441（飛鳥管理センター）　住 高市郡明日香村豊浦　時 見学自由　料 無料

　標高約 150m の甘樫丘は、神の宿る山として古くから信仰を集めていて、蘇我蝦夷や入鹿親子が邸宅を構えてい

大和三山など抜群の眺望を誇る

た場所ともいわれています。『万葉集』などに登場する植物が植えられた散策路も整備されています。展望台からは大和三山や藤原京跡などが見渡せます。

時間があれば・・・
キトラ古墳壁画体験館 四神の館
きとらこふんへきがたいけんかん しじんのやかた

　極彩色の四神で知られるキトラ古墳や壁画について学ぶことができます。原寸大で再現したキトラ古墳石室模型をはじめ、壁画を紹介する四面マルチ高精細映像も設置された体感型の施設です。また、期間限定で東アジアで最古に属するといわれる天文図や、方角をつかさどる四神などのキトラ古墳壁画が公開されます。

大迫力で古墳壁画の世界にひたれる

☎ 0744-54-5105　住 高市郡明日香村大字阿部山 67　時 9：30 〜 17：00（12 〜 2 月は〜 16：30）
休 4・7・11・2 月の第 2 月曜　料 無料

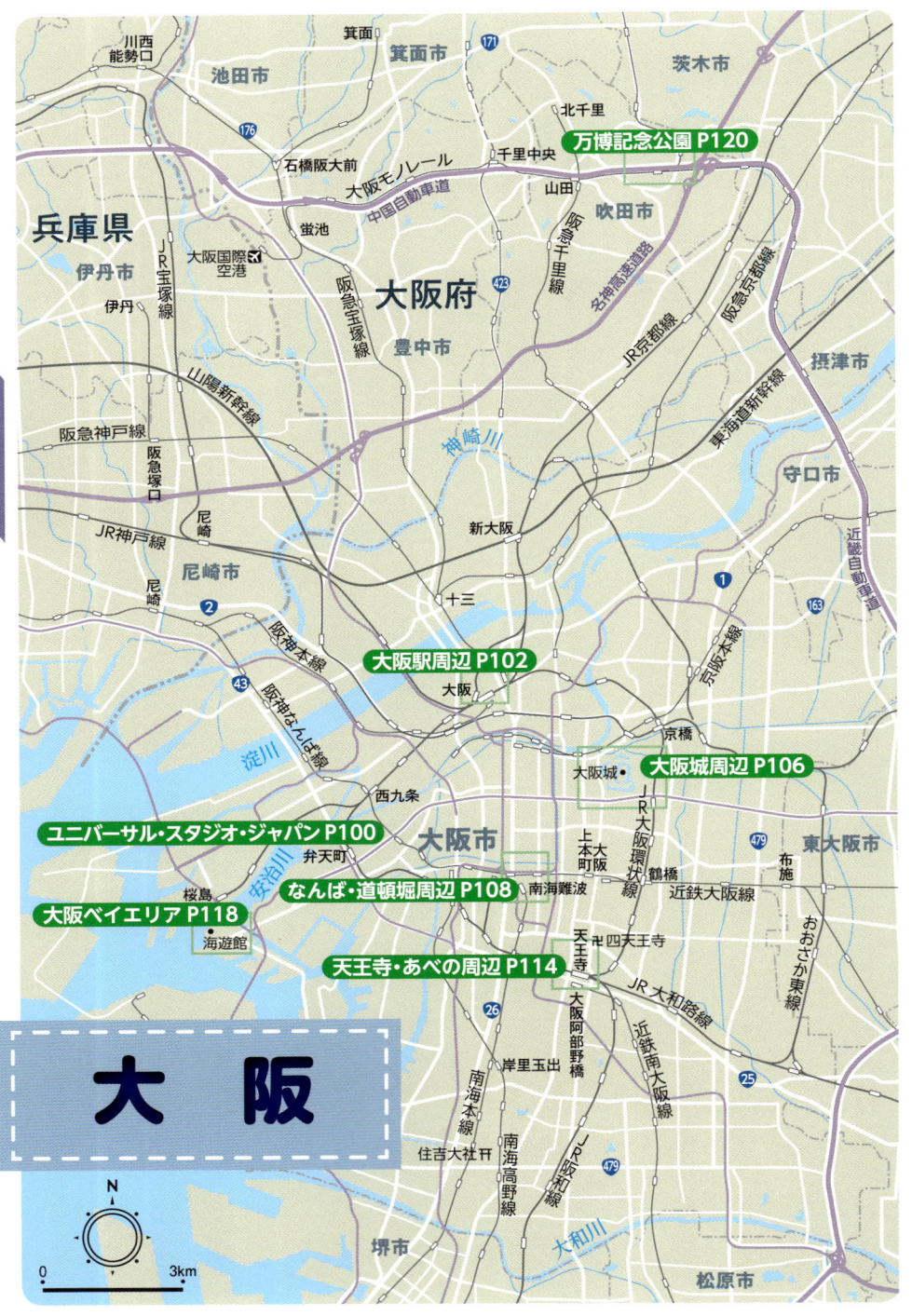

大阪

万博記念公園 P120

大阪駅周辺 P102

大阪城周辺 P106

ユニバーサル・スタジオ・ジャパン P100

なんば・道頓堀周辺 P108

大阪ベイエリア P118

天王寺・あべの周辺 P114

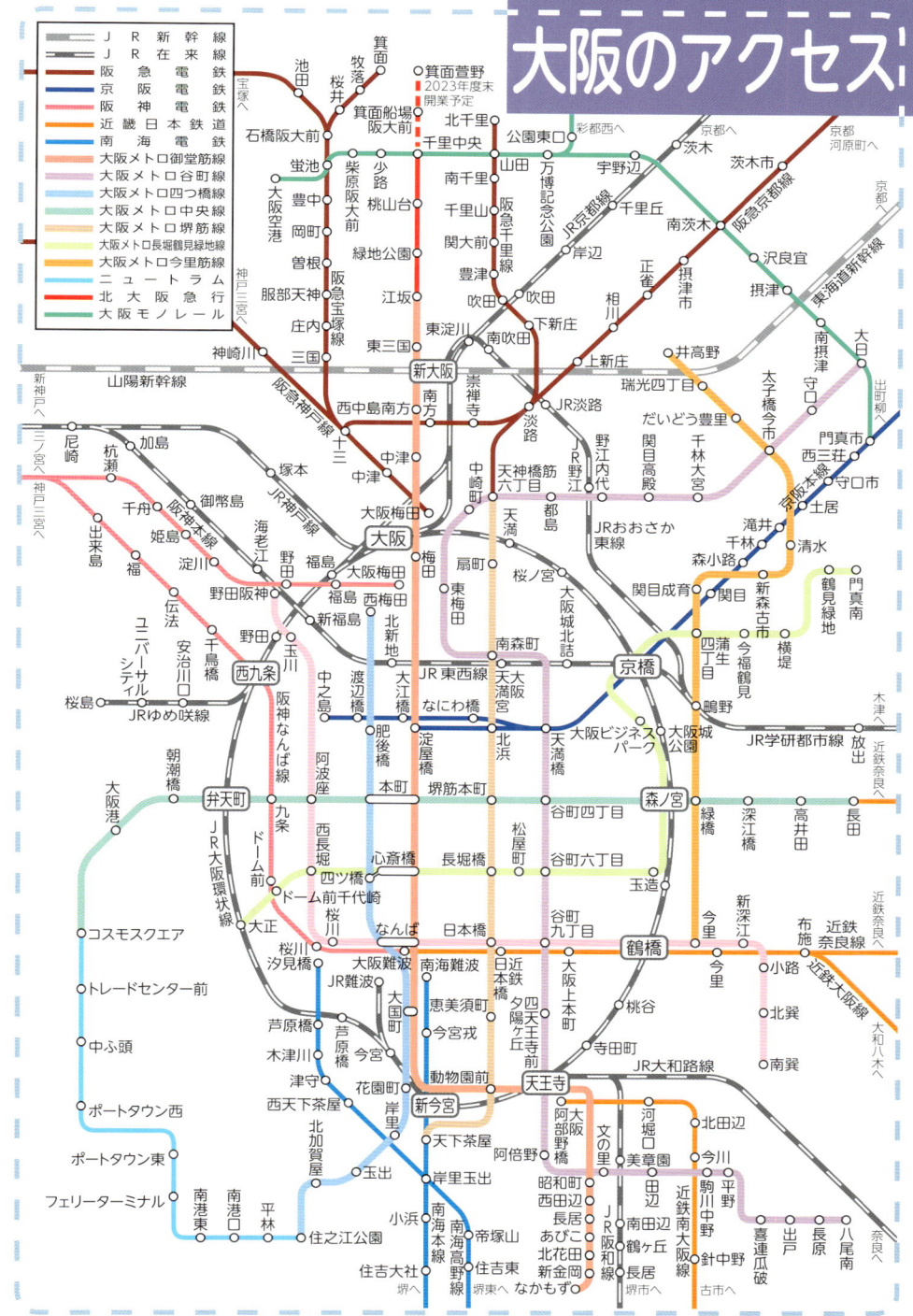

ユニバーサル・スタジオ・ジャパン

ユニバーサル・スタジオは世界中で愛されている映画やキャラクターをテーマとしたテーマパークです。ワールドクラスのエンターテインメントあふれるライドやショー・アトラクション、レストラン、ショップを取りそろえ、世界中から訪れるゲストを魅了しています。

大阪駅からのアクセス

電車：JR環状線西九条駅でゆめ咲線に乗り換えて「ユニバーサルシティ駅」下車
※ゆめ咲線直通・桜島行きは乗り換え不要

OSAKA

ニューヨーク・エリア

数々の名画の舞台となった、1930年代のニューヨークの街並みを再現。憧れのワンシーンを体験してみては。

ハリウッド・エリア

行き交う映画スターたちを連想させる、華やかなハリウッドの大通り。絶叫コースターにも挑戦！

Pick up ❶

ユニバーサル・エクスプレス・パス

アトラクションの待ち時間をぎゅっと短縮できるチケット（有料）。パレードの鑑賞エリアを確保するものもあります。

Pick up ❷

公式アプリ

アトラクションの待ち時間やショーのタイムスケジュールなどがわかる無料公式アプリがあります。訪れるまでにダウンロードしておくと便利です。

ユニバーサル・ワンダーランド

スヌーピーやハローキティ、セサミストリートの仲間たちが住む街。

ミニオン・パーク

ハチャメチャ楽しいミニオン・パーク。ライド・アトラクションやショップが大集合

一緒に写真を撮ろう

ミニオンエリアで、パークの人気者「ミニオン」に会えたら写真を撮ろう。

ユニバーサル・スタジオ・ジャパンにはモデルコースがありません。訪れる日や時間によって行われるイベントが異なり、アトラクションの待ち時間も変わります。パレードやショーの開催などもチェックしながら、事前に自分たちでオリジナルのまわり方を考えましょう。

6時間〜

☎ 0570-20-0606（インフォメーションセンター）　住 大阪市此花区桜島 2-1-33　時 曜日・季節により異なる　休 無休　料 公式 WEB サイトで確認

サンフランシスコ・エリア

潮風が香る港町は活気と開放感にあふれています。

ジュラシック・パーク

亜熱帯の木々が生い茂る、スリル満点のジャングルで大冒険！

アミティ・ビレッジ

映画「ジョーズ」の舞台となった漁村。巨大ザメが襲いかかるアトラクションは迫力満点。

ウォーターワールド

映画の世界観に丸ごと入り込めるアクション満載の冒険ショーを楽しめます。

世界中で愛される、あのゲームの世界に入り込んで、マリオのように、体ごと全力で本気で遊ぼう！

スーパー・ニンテンドー・ワールド

ウィザーディング・ワールド・オブ・ハリー・ポッター

圧倒的なスケールとクオリティで生まれたハリー・ポッターの世界。

大阪駅周辺

おおさかえき

大阪駅からのアクセス

電車：JR「大阪駅」・各線「梅田駅」

梅田を中心として、最先端のトレンドを発信し続ける大阪の玄関口「キタ」エリア。ビジネスの中心として機能するだけでなく、繁華街の賑やかさをあわせ持つ魅力あふれる街です。

OSAKA

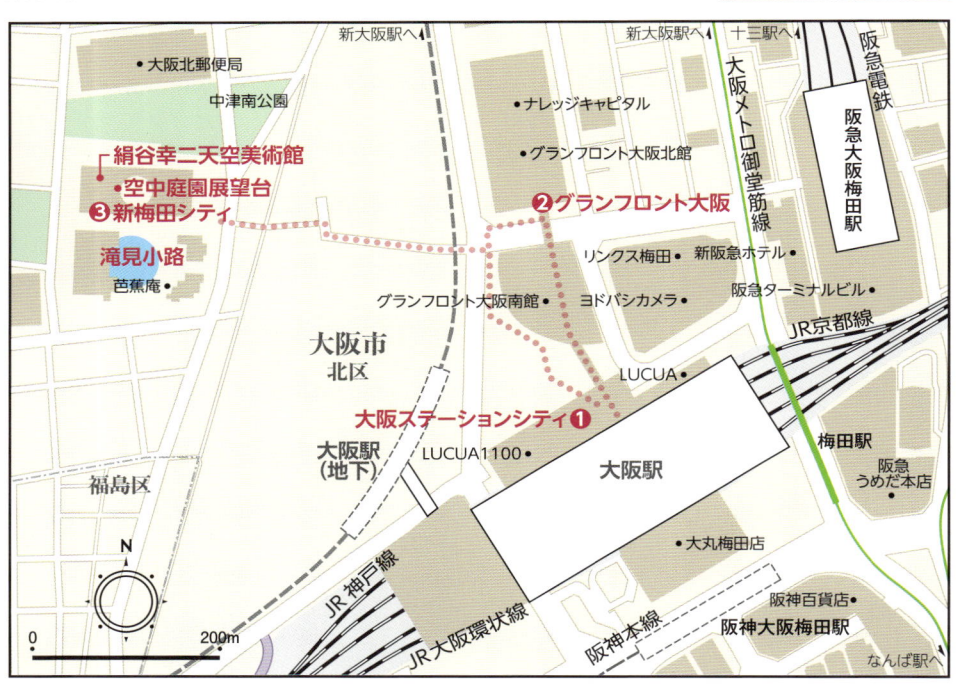

- 大阪北郵便局
- 中津南公園
- ナレッジキャピタル
- グランフロント大阪北館
- ❷ グランフロント大阪
- 絹谷幸二天空美術館
- 空中庭園展望台
- ❸ 新梅田シティ
- リンクス梅田
- 新阪急ホテル
- 滝見小路
- 芭蕉庵
- グランフロント大阪南館
- ヨドバシカメラ
- 阪急ターミナルビル
- 大阪市 北区
- JR京都線
- LUCUA
- 大阪ステーションシティ ❶
- 大阪駅（地下）
- LUCUA1100
- 大阪駅
- 梅田駅
- 阪急うめだ本店
- 福島区
- 大丸梅田店
- N
- 阪神百貨店
- 阪神大阪梅田駅
- JR 神戸線
- JR大阪環状線
- 阪神本線
- なんば駅へ

0　　200m

---

❶ 大阪ステーションシティ

おおさかすてーしょんしてぃ

☎ 06-6458-0212　住 大阪市北区梅田 3-1
時休 店舗により異なる

　大阪のランドマークとして全国からたくさんの人を迎える「大阪ステーションシティ」。駅北側の「ノースゲートビルディング」と南側の「サウスゲートビルディング」の2棟からなり、西日本最大級の規模を誇る商業施設です。専門店やレストラン、雑貨店、シネコンなど、まさに駅と街がひとつになった場所です。洗練されたファッションビル「LUCUA osaka」や、「大丸梅田店」には話題の店が多数そろっています。

環境にやさしい「エコステーション」でもある

進化し続ける
ターミナル・シティ「キタ」

JR大阪駅周辺の再開発やグランフロントのオープンによって、ますます活気あふれる街となった大阪キタエリア。スタイリッシュな街で、最先端のワクワクをみつけよう。

6時間〜

🚌 JR大阪駅 → 直結 → ① 大阪ステーションシティ → 徒歩7分 → ② グランフロント大阪 ナレッジキャピタル → 徒歩8分 → ③ 新梅田シティ 絹谷幸二天空美術館 空中庭園展望台 滝見小路 → 徒歩10分 → 🚌 JR大阪駅

大阪ステーションシティ

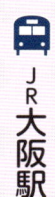

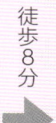
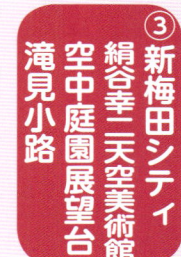
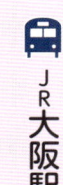

天空の農園（14F）

太陽の広場
（15F〜17F）

エキマルシェ大阪
（大阪駅構内）

風の広場（11F）

和らぎの庭
（10F）

うまいものプラザ

南ゲート広場（1F）

カリヨン広場
（2F東側）

サウスゲートビルディング

ノースゲートビルディング

時空の広場

京都方面

② グランフロント大阪
ぐらんふろんとおおさか

☎ 06-6372-6300　住 大阪市北区大深町
時 休 店舗により異なる

大阪駅北口の正面に広がり、約1万㎡の広さをいかして様々なイベントが催されるうめきた広場、ショップ＆レストランとオフィスで構成される南館、無料で新技術と未来を体験できるナレッジキャピタルを中心とした北館、そしてオーナーズタワーからなる巨大複合商業施設が「グランフロント大阪」です。

中央にある吹き抜けに沿ってエスカレーターが配置されるなど（北館）、全体的に広々とした造りとなっており、毎日たくさんの人で賑わっています。多くのショップが入っているので、店を見

南館の吹き抜け

て回るだけでもかなりの時間が必要となります。そして、最先端のファッションや雑貨、グルメが楽しめるだけでなく、豊かな緑に囲まれ、知的好奇心をくすぐり、新しい感性を育む場所でもあるのです。

OSAKA

ひとつの"まち"のようなグランフロント大阪

【 ナレッジキャピタル 】

企業人、研究者、クリエイター、そして一般生活者など様々な人が行き交い、それぞれの「知」を結び合わせて新しい価値を生み出す知的創造・交流の場。遊んで、学んて、体験できる知的エンターテインメント空間です。企業や大学などの技術や活動を展示する「The Lab.（ザ・ラボ）」では世界につながる未来見学が楽しめます。

The Lab. みんなで世界一研究所
☎ 06-6372-6530　（10：00 〜 17：00）
住 大阪市北区大深町 3-1 グランフロント大阪北館
時 10：00 〜 21：00　休 なし

③ 新梅田シティ
しんうめだしてぃ

☎ 06-6440-3899　住 大阪市 北区大淀中 1 丁目
時 施設・店舗により異なる　休 無休

新梅田シティには、初夏に蛍が生息する「中自然の森」や日本の原風景「里山」などがあり、都心にありながらも、自然と共生を図ることができる癒しのスポットです。

開放感ある建物

③ 空中庭園展望台
くうちゅうていえんてんぼうだい

1,500 円

☎ 06-6440-3825（空中庭園展望台レセプションセンター）
時 9：30 〜 22：30（最終入場 22：00、特別営業日あり）
休無休　料 1,500 円

梅田スカイビルの連結部分の屋上開放型展望台。視界 360 度のシースルーエレベーターで 35 階まで上ると、そこからはチューブ型のシースルーエスカレーターに乗り換えて 39 階のエントランスへ。40 階の展望フロアには全長 35 m ものガラスカウンターがあり、真下を流れる淀川や北摂の山々を望むことができます。オープンエアの屋上回廊「スカイ・ウォーク」では空が近くに感じられ、「日本の夕陽百選」や「日本夜景遺産」に選ばれた見応えある景色を望むことができます。カフェでドリンクや季節のスイーツをテイクアウトして、その絶景を眺めながらくつろぐという、いつもと違う贅沢な時間も楽しめます。

遮るものがなく、空と一体になるような感覚

39・40 階にはガチャガチャもあり、海洋堂新作の「梅田スカイビルカプセルフィギュア」が人気です。

③ レトロ食堂街 滝見小路
れとろしょくどうがい たきみこうじ

時 休 店舗により異なる

激動の時代を乗り越え、日進月歩で進化を遂げた昭和の時代。どこか懐かしく、あたたかい。そんな「昭和の街並み」を再現した、梅田スカイビル地下 1 階 にある食堂街です。約 20 店舗の店が並んでいて、石畳の路地を歩くとタイムスリップしたような、優しい気持ちになれる空間です。

レトロモダンな雰囲気

③ 絹谷幸二天空美術館
きぬたにこうじてんくうびじゅつかん

中高生
600 円

☎ 06-6440-3760　時 10：00 〜 18：00（金・土曜、祝前日は 〜 20：00、入館は閉館の 30 分前まで）休火曜、展示替え期間（祝日の場合は翌平日）　料中学生以上 600 円、小学生以下無料

2021 年に文化勲章を受章した洋画家・絹谷幸二さんの色彩豊かな作品の数々を鑑賞することができます。人気は「絵の中に飛び込む 3D 映像体験」。作品のモチーフが 180 度ラウンドスクリーン上で縦横無尽に行き交います。

絵画作品だけでなく立体作品も

大阪城周辺

おおさかじょう

大阪駅からの アクセス

電車：JR大阪環状線「大阪城公園駅」下車

観光スポットとして根強い人気の大阪城。秀吉の栄華を体現する豪華な造りが特徴で、天守閣以外にもたくさんの見どころがあります。広大な公園は緑豊かで、都会のオアシスになっています。

OSAKA

① 大阪城公園
おおさかじょうこうえん

無料 施設により有料

☎ 06-6755-4146（大阪城パークセンター）**住**大阪市中央区大阪城 **時**入園自由（施設により制限あり）**休**無休（施設により異なる）**料**無料（有料施設あり）

　1583年に豊臣秀吉が築城を始め、豊臣氏滅亡後は徳川幕府によって再建された「大坂城」。その一帯を整備した公園で、大手門など13棟の重要文化財があります。桜や梅の名所ともなっています。

築かれた石垣の迫力は圧巻

② 大阪城天守閣
おおさかじょうてんしゅかく

中学生/高校生 **無料/600円**

☎ 06-6941-3044 **住**大阪市中央区大阪城1-1 **時**9：00～17：00（最終入館16：30）※季節により開館時間延長あり **休**無休 **料**600円、中学生以下無料

　豊臣秀吉ゆかりの品々や戦国時代の資料を、パネルや映像、模型などで展示しています。地上50mの展望台からは、広大な大阪城公園と大阪の街を一望できます。

© 大阪城天守閣

「大坂夏の陣図屛風」の世界を紹介

歴史

● おすすめコース

昔の大阪にタイムスリップ 歴史散歩を楽しもう

大阪城は戦国時代、難波宮跡は飛鳥・奈良時代と、とことん大阪の歴史に触れるコースです。

大阪環状線 大阪城公園駅 → 徒歩11分 → ① 大阪城公園 → 徒歩13分 → ② 大阪城天守閣 → 徒歩17分 → ③ 史跡難波宮跡 → 徒歩5分 → ④ 大阪歴史博物館 → 徒歩2分 → ⑤ NHK大阪放送局 BKプラザ → 徒歩5分 → 大阪メトロ谷町線 谷町四丁目駅

---

③ 史跡難波宮跡 【無料】
しせきなにわのみやあと

☎ 06-6469-5184（大阪市経済戦略局） 住 大阪市中央区法円坂1 時 見学自由

飛鳥・奈良時代に上町台地にあったとされる古代宮殿「難波宮」の跡地。現在は国指定史跡として活用されています。前・後2時期の難波宮をレンガ・土盛りなどにより表示、また後期難波宮の大極殿跡の基壇を復元しています。

写真提供：積山 洋
長い発掘調査のすえに発見

---

④ 大阪歴史博物館
中学生/高校生 【無料/400円】
おおさかれきしはくぶつかん

☎ 06-6946-5728 住 大阪市中央区大手前4-1-32 時 9:30〜17:00（最終入館16:30）休 火曜 料 600円、高校・大学生400円、中学生以下無料（特別展は別料金）

古代から近現代までの大阪の歴史を、原寸大の復元建物やグラフィック映像、ミニチュア模型、実物資料などで紹介しています。10階からは大阪城や難波宮跡を一望でき、歴史を楽しく学ぶことができます。

実物大の展示は迫力がある

---

⑤ NHK大阪放送局 BKプラザ 【無料】
えぬえいちけいおおさかほうそうきょく びーけいぷらざ

☎ 06-6937-6020（見学係） 住 大阪市中央区大手前4-1-20 時 10：00〜18：00（最終入館17：30）休 火曜（祝日の場合は開館）料 無料

キャスター体験ができる「なりきりスタジオ」や、ドラマセットのコーナーなどがあり、普段見ているテレビの裏側を体験できます。

テレビの世界を知ろう

時間があれば・・・

大阪水上バス アクアライナー
おおさかすいじょうばす あくあらいなー

水面とほぼ同じ高さから眺める

大阪城公園内にある大阪城港を出航し、市内を流れる大川を約40分かけてめぐります。大阪市中央公会堂や大阪城など、大阪の名所旧跡や街並を眺める観光クルーズです。船内では建築物や風景、歴史など、水辺にまつわるアナウンスを聞きながら大阪について学びましょう。

☎ 0570-03-5551 住 大阪市中央区大阪城2 時 10：15〜16：15（大阪城港発）45分毎に運航 休 平日週2日・1月中旬・2月上旬 料 1,600円、※春季特別期間を除く

なんば・道頓堀周辺

なんば・どうとんぼり

お笑い、お好み焼き、巨大看板など大阪らしいシンボルがたくさんあるエリア。国内外から観光客が多く訪れ、にぎわいと活気にあふれています。昔ながらの商店街から新しいショッピングエリアまで、見どころ多彩です。駅から近く、各スポットも近接しているので徒歩で周りやすいのも魅力です。

大阪駅からのアクセス

電車：大阪メトロ御堂筋線「なんば駅」下車。大阪メトロ千日前線に乗り換え「日本橋駅」下車

OSAKA

●おすすめコース A
大阪の「食」と「笑い」を満喫しよう

食べ歩きを堪能した後は、見るだけでも楽しくなる、さまざまな道具を売っている商店街へ。なんばグランド花月では生の「お笑い」の舞台の迫力に大笑い。

2〜3時間

 大阪メトロ各線 日本橋駅 → 徒歩2分 →  ① 黒門市場 → 徒歩4分 →  ② 千日前道具屋筋商店街 → 徒歩2分 → 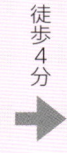 ③ なんばグランド花月 → 徒歩7分 →  ④ なんばパークス → 徒歩5分 → 大阪メトロ各線 なんば駅

●おすすめコース B
コテコテの浪速情緒にどっぷりひたる

道頓堀筋にはグリコの看板や食い倒れ人形など、定番の撮影スポットがたくさん。細い路地に入れば、また異なる味わいの大阪の風景を見ることができます。

4〜5時間

 大阪メトロ各線 なんば駅 → 徒歩5分 →  ① 戎橋（グリコ前） ② 道頓堀筋 → 徒歩2分 → 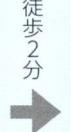 ③ 浮世小路／一寸法師大明神 → 徒歩2分 →  ④ 法善寺横丁 ⑤ 水掛不動尊法善寺 → 徒歩2分 → 大阪メトロ各線 なんば駅

A③ なんばグランド花月
なんばぐらんどかげつ

有料

☎ 06-6641-0888 ※公演に関しての問合せ：0570-550-100 **住**大阪市中央区難波千日前 11-6 **時**公演により異なる **休**無休 **料**1階席 4,800 円、2階席 4,300 円（本公演）※その他は公演により異なる

令和 4（2022）年に創業 110 年を迎えた「よしもと」のお笑いの本拠地「なんばグランド花月」では、お馴染みの大御所からテレビで活躍する人気者、今をときめく若手まで、吉本芸人による漫才・コント・落語をたっぷり楽しむことができます。さらに劇場の目玉のひとつである「吉本新喜劇」では

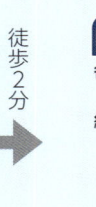

メンバーによる独自のギャグやアドリブも飛び出し、生の舞台ならではの熱気や臨場感に包まれます。大いに笑ったら吉本興業オフィシャルグッズを販売するよしもとエンタメショップや、よしもとおみやげもん横丁などでショッピングも楽しめます。

新喜劇といえばお決まりのギャグ

笑って、食べて、とことん大阪を楽しめる

A① 黒門市場
くろもんいちば

☎ 06-6631-0007　住 大阪市中央区日本橋 2-4-1
時 休 店舗により異なる

　起源は文政5（1822）年頃までさかのぼるとされ、長く「大阪の台所」の役割を担ってきた伝統ある市場です。580mの通りに、鮮魚店を中心に約170店が並んでいます。ミナミの料理人や地元住民が新鮮な食材を求めて足を運び、最近では食べ歩きの商品を販売する店が増えたことから「食べ歩き天国」として外国人や若者にも人気を集めています。

食欲をそそる匂いがただよう

A② 千日前道具屋筋商店街
せんにちまえどうぐやすじしょうてんがい

住 大阪市中央区難波千日前周辺
時 休 店舗により異なる

　「道具屋筋」の名前のとおり、厨房機器や看板、ユニフォームなど、店を営むのに必要なあらゆる道具がそろいます。食文化が栄え、「天下の台所」といわれた大阪の味と

見応えがある商店街

技を、縁の下から支えてきた店がズラリ。圧巻の品ぞろえは見ているだけでも楽しくなります。食品サンプル作成やグラスに砂の絵を描く体験ができるお店もあります。

A④ なんばパークス
なんばぱーくす

☎ 06-6644-7100　住 大阪市浪速区難波中 2-10-70
時 ショッピング 11：00〜21：00、レストラン 11：00〜23：00　※一部店舗を除く

　グランドキャニオンをイメージしてデザインされた大型のショッピング施設です。ファッション、雑貨、インテリア、飲食などの専門店約250店で構成されています。広大な屋上公園「パークスガーデン」は、「世界で最も美しい都市公園」に認定。約500種類10万株の草花や樹木と親しむことができる、都会の癒やしのスポットです。

なんば駅から
直結している

時間があれば・・・
道頓堀大観覧車「えびすタワー」
どうとんぼりだいかんらんしゃえびすたわー

　建物の形状に沿った長円形で、座席が水平回転する、全長77.4ｍ、全幅32ｍの大観覧車。VRゴーグルを装着して搭乗すれば、まるで空中浮遊をしているような体験ができる「360°VR動画」を楽しむことができます。大阪のシンボル「通天閣」や「あべのハルカス」まで見渡せる眺望も魅力。

店舗の3階から搭乗口へ

☎ 0570-026-511　住 大阪市中央区宗右衛門町 7-13　ドン・キホーテ道頓堀店内　時 14：00〜20：00（最終受付は〜19：30）　休 無休（荒天時など運休する場合あり）　料 600円、VR1,600円

OSAKA

B1 戎橋（グリコ前）
えびすばし

住 大阪市中央区道頓堀 1-6

道頓堀川にかかる橋のひとつで、地元の人たちの待ち合わせスポットや、観光客の定番の撮影スポットとしておなじみです。「グリコ

手を上に上げたグリコポーズで記念撮影

サイン」が初めて設置されたのは昭和10（1935）年。当時としては画期的なネオン塔として注目を集めました。時代の移り変わりとともにリニューアルを重ね、今では6代目となっています。

B2 道頓堀筋
どうとんぼりすじ

住 大阪市中央区道頓堀 1 付近
時休 店舗により異なる

さまざまなジャンルの飲食店が建ち並び、タコ、カニ、フグ、餃子などの巨大看板がひしめくにぎやかな通りです。1600年代に芝居小屋が立ち、芝居客を目当てに茶屋が軒を連ねたのが街の起こりとされています。古くから食・芝居・遊びの街として栄えたエンターテイメントの中心地で、コテコテの大阪情緒を味わいましょう。

たくさんの観光客で活気にあふれている

B3 浮世小路
うきよこうじ

住 大阪市中央区道頓堀 1-7-23 付近

「道頓堀 今井 本店」の東側にある、うっかり見落としてしまいそうな幅1m20cmほどの狭い通り。道頓堀の歴史と文化を伝える「観光路地」です。壁には大正・昭和の頃のミナミの古地図や写真、当時営業していた店の看板などが掲げられています。昼間でも薄暗い通りには赤提灯が灯り、懐かしい昭和の香りが漂っています。

法善寺横丁につながる長さ約48mほどの道

一寸法師大明神
いっすんぼうしだいみょうじん

料 一寸法師おみくじ 100円

おみくじはよく当たるとの噂も

浮世小路の壁面に設けられた小さな神社。かの「一寸法師」がお椀の船で京へ向かって漕ぎだしたのは、この難波の地といわれていることにあやかって作られました。その場で引けるおみくじには、「開運のしかたおしえたる」と、開運方法が大阪弁で書かれています。くすっと笑えるユーモアのある楽しいおみくじです。

B4 法善寺横丁
ほうぜんじよこちょう

住 大阪市中央区難波 1 付近

織田作之助の小説「夫婦善哉」の舞台にもなり、ミナミのシンボルの一つともいえる浪速情緒あふれる一角です。一人前がお椀2つで出される、夫婦善哉が食べられる店の人気は今も健在。東西に延びた 80m ほどの2本の路地には、割烹からお好み焼き屋まで飲食店がずらりと並び、石畳を歩く人々でにぎわっています。

落語家の3代目桂春団治が書いた看板

B5 水掛不動尊 法善寺 無料
みずかけふどうそん ほうぜんじ

☎ 06-6211-4152 住 大阪市中央区難波 1-2-16
時 拝観自由

お参りをする際に水をかけて願いを込める慣習がある緑色に苔むした不動明王像。縁結びや厄除けなど、お祈りする人の願いによって、

「水掛不動さん」と呼ばれる

どんなご利益でもいただけるとされています。水鉢から柄杓で水をくんでお参りした後は、次の人のために隣の井戸の水を水鉢に足しておきましょう。

時間があれば・・・

日本橋オタロード
にっぽんばしおたろーど

東京の秋葉原と並ぶ、大阪随一の電気店街「日本橋筋商店街（でんでんタウン）」にある通り。アニメ、漫画、ゲームといったポップカルチャー好きの「オタク」と呼ばれる人々でにぎわいます。コスプレイヤーが歩行者天国を練り歩く「日本橋ストリートフェスタ」といった大きなイベントも開催されています。

さまざまなジャンルの店が軒を連ねる

住 大阪市浪速区日本橋周辺

とんぼりリバークルーズ

気軽に水上散歩を楽しめる 20 分間のミニクルーズ。大阪ガイド・クルーの案内で普段味わうことのできない道頓堀の「川からの眺望」を楽しむことができます。

乗船受付・乗船場所は「ドン・キホーテ道頓堀店」川側入り口横（東側）

☎ 06-6441-0532 （9:00 〜 18:00） 住 大阪市中央区宗右衛門町 時 11:00 〜 21:00、毎時 00 分・30 分に出航、一部間に増便あり 休 無休 料 中高大学生 800 円、小学生 400 円

大阪ぼてぢゅう本店
おおさかぼてぢゅうほんてん

お好み焼の専門店として、昭和28（1953）年に大阪で初めてオープンした「大阪ぼてぢゅう」。「ぼてっ」と返して「ぢゅう」と焼くから「ぼてぢゅう」。手間暇かけて作るオリジナルソースほか、ピリ辛ソースなど全4種類のソースを用意しています。「お好み焼体験道場」もおすすめ（P.139）。

☎ 06-6632-3631（土日・祝日と17：30以降は06-6643-4410）　住大阪市中央区難波4-3-21　時11：00〜23：30（LO23：00）　休無休　料豚玉935円など

たこ焼道楽 わなか 千日前本店
たこやきどうらく わなか せんにちまえほんてん

千日前で行列ができるたこ焼き屋といえばここ。ダシや卵、粉の配合など研究を重ねた生地は、外はカリッと、中は

大阪に来たら食べたい味

トロトロの食感に焼き上がります。味付けは、すべて生地に合うように考えられたわなか特製のもので、甘みと酸味がほどよい特製ソース、釜炊き塩、しょうゆ、ピリ辛ソースの4種類。

☎ 06-6631-0127　住大阪市中央区難波千日前11-19　時10：30〜21：00（土日・祝日は9：30〜）　休無休　料8個600円〜　※店舗により価格変更あり

北 極
ほっきょく

戦後すぐの創業で、大阪人に長きにわたって愛されている「大阪のアイスキャンディー」。添加物をなるべく使わずにシンプルな材料のみで作るキャンディーは、すっきりとした素朴な甘さで、どこか懐かしい味です。

ペンギンのキャラクターが目印

夏期以外は、9月末〜4月末の期間限定で発売されている回転焼きが食べ歩きにおすすめ。

☎ 06-6641-3731　住大阪市中央区難波3-8-22　時10：00〜20：00　休無休　料アイスキャンディー170円〜、回転焼き150円

道頓堀 今井 本店
どうとんぼり いまい ほんてん

戦後すぐの昭和21（1946）年から店を構える、大阪うどんの名店。天然真昆布、さば節、うるめ節を使って丁寧にとった上品な薄味のダシに、ふっくら甘く煮たお揚げがのったきつねうどんは絶品です。麺はやわらかめで、ダシがうどんによく染みるように作られています。卵をたっぷり使った親子丼も人気の一品。

汁まで飲みほしたくなる一杯

☎ 06-6211-0319　住大阪市中央区道頓堀1-7-22　時11：30〜21：30（LO21：00）　休水曜　料きつねうどん880円など

天王寺・あべの周辺

てんのうじ・あべの

歴史ある寺社や美術館、動物園などの観光スポットに加えて、あべのハルカスやあべのキューズモールなど、買い物や食事に便利な大型の商業施設も充実しています。また、通天閣やジャンジャン横丁のある「新世界」は、昭和レトロな風情が残る大阪の庶民の町です。

大阪駅からのアクセス

電車：大阪メトロ谷町線「南森町駅」下車。大阪メトロ堺筋線に乗り換え「恵美須町駅」下車（A）
大阪メトロ御堂筋線「動物園前駅」下車（B）

OSAKA

歴史
●おすすめコース A
大阪の眺望を新旧2つの展望台から制覇

大阪の下町を体感した後は、話題のスポットあべのハルカスへ。通天閣とハルカス300、大阪を代表する2つの展望台を制覇しましょう。

6時間〜

大阪メトロ堺筋線 **恵比須町駅** → 徒歩11分 → ① **通天閣** → 徒歩5分 → ② **ジャンジャン横丁** → 徒歩15分 → ③ **あべのハルカス ハルカス300（展望台）** → 徒歩6分 → ④ **あべのキューズモール** → 徒歩7分 → 各線 大阪メトロ **天王寺駅**

社会
●おすすめコース B
歴史のある公園とお寺で生き物と文化にふれる

動物園、公園、お寺と、ほぼ屋外で活動するコースです。動物とのふれあいを楽しんだ後、天王寺公園の中にある美術館や、日本庭園に足を運ぶのもいいでしょう。

4-5時間

大阪メトロ御堂筋線 **動物園前駅** → 徒歩6分 → ① **天王寺動物園** → 徒歩2分 → ② **天王寺公園** → 徒歩4分 → ③ **てんしば** → 徒歩13分 → ④ **和宗総本山四天王寺** → 徒歩12分 → 大阪メトロ御堂筋線 **天王寺駅**

A② ジャンジャン横丁
じゃんじゃんよこちょう

🏠 大阪市浪速区恵美須東3丁目付近

幅が約2.5mしかない狭い通り

　新世界の南東部に、南北に延びた「南陽商店街」の通称が「ジャンジャン横丁」。戦後間もない頃、道沿いの飲み屋が三味線をジャンジャン鳴らしてお客さんを呼び込んだことが由来といわれています。アーケードの左右に、安くておいしい飲食店が建ち並ぶにぎやかで活気あふれる下町の商店街です。最近では「串カツのまち」とも呼ばれる新世界には、50店以上の串カツ屋があります。一串80円ほどから味わえる、揚げたてアツアツの庶民の味を楽しみましょう。横丁の塀には、ビリケンさんの口に手を入れる「真実の愛の口」など、大阪らしいユーモアにあふれた仕掛けもあります。

ソースの二度づけは厳禁

A① 通天閣
つうてんかく

中学生 / 高校生
400 / 700 円

☎ 06-6641-9555　住 大阪市浪速区恵美須東 1-18-6
時 10：00〜20：00（最終入場 19：30）　休 無休　料 高校生以上 700 円、中学生以下 400 円

　108m の高さがある「なにわのシンボル」。大阪の街を 360 度ぐるっと見渡せる展望台のほか、新世界の街が生まれた約 100 年前にタイムスリップできるジオラマ展示や、大阪みやげが並ぶ「わくわくランド」などがあります。足の裏をなでると幸せになるといわれている「ビリケンさん」は通天閣の守り神で、現在は 3 代目。

展望台のほかにも楽しみがいっぱい

A④ あべのキューズモール

☎ 06-6556-7000　住 大阪市阿倍野区阿倍野筋 1-6-1
時 休 店舗により異なる

　イトーヨーカドーや東急ハンズのほか、専門店や飲食店など約240店 が入るショッピングモー

休憩スポットにおすすめ

ル。4階にはレストランゾーン「Q's dining（キューズダイニング）」があり、約20店舗のバリエーション豊かなお店がそろっています。オリジナルキャラクターは、アベーノアベーノをはじめ全部で12人。細かな設定がユニークでかわいく、大阪らしいショッピングモールです。

OSAKA

A③ あべのハルカス
ハルカス 300（展望台）
あべのはるかす はるかす 300 てんぼうだい

中高生
1,200 円

☎ 06-6621-0300（ハルカス 300 インフォメーション）
住 大阪市阿倍野区阿倍野筋 1-1-43
時 9：00〜22：00（最終入場 21：30）　休 無休
料 1,500 円、中高生 1,200 円

　大阪のミナミに隣接する天王寺エリアにある大阪のランドマーク「あべのハルカス」。300mという高さを誇り、ビル内には、百貨店、オフィス、美術館、ホテル、展望台などが入居する複合施設です。最新の耐震・制振技術を組み合わせ、最高水準の安全性を確保しています。また、バイオマス発電など最先端の環境技術も採用し、それらを巡るバックヤードツアーも実施しています。（要予約・中高生は10名以上の催行で1人2,900円）。最

あべのにそびえる大阪のランドマーク

地上約 300m からの壮大な眺め

上階の「ハルカス300（展望台）」は三層構造で、大阪城をはじめとする大阪の街並みや、気候条件がよければ明石海峡大橋なども見渡すことができます。ヘリポートツアー（+500円）や光のイベント、レストランなど、眺望だけでなく楽しむことができます。

B1 天王寺動物園
てんのうじどうぶつえん

中学生/高校生 200/500円

☎ 06-6771-8401　住 大阪市天王寺区茶臼山町 1-108
時 9：30 〜 17：00（最終入園 16：00）　休 月曜
料 高校生以上 500 円、小中学生 200 円

　平成 27（2015）年に 100 周年を迎えた、長い歴史を持つ動物園です。ライオン、キーウィなどおよそ 180 種類、1000 点の動物に会うことができます。期間限定で開催される「ナイト ZOO」や、動物の生息地をできるだけ忠実に再現した環境で飼育・展示す

写真提供：天王寺動物園 アフリカ・サバンナゾーン

る「生態的展示」など、本来の動物の姿を伝えられるよう、さまざまな工夫がなされています。

B2 天王寺公園
てんのうじこうえん

施設により異なる

☎ 06-6761-1770　住 大阪市天王寺区茶臼山町 1-108
時 休 料 エリアおよび施設により異なる

　明治 42（1909）年にできた歴史ある公園です。園内には天王寺動物園があるほか、大阪市立美術館や、財閥の庭園として造られた日本庭園「慶沢園」、府の指定史跡にも登

写真提供：真田山公園事務所
純日本風の庭園、慶沢園

録されている「茶臼山古墳」があります。また、大阪・中之島の周辺にあった黒田藩屋敷の長屋門を移築した「長屋門」は、江戸時代中期の文化を伝える貴重な遺構です。

B3 てんしば

無料

☎ 06-6773-0860　住 大阪市天王寺区茶臼山町 5-55
時 7：00 〜 22：00　休 無休　料 無料　※エリア内各施設の営業時間・定休日・料金は店舗により異なる

　天王寺公園エントランスエリア「てんしば」は、約7000㎡の広大な芝生公園。2019年には、「てんしばi:na（イーナ）」という施設が開業しました。また芝生広場では、2025年の大阪万博に向けて万博に絡んだイベントを多数開催予定です。

年間通して園内にはイルミネーションが点灯

B4 和宗総本山 四天王寺
わしゅうそうほんざん してんのうじ

無料

☎ 06-6771-0066　住 大阪市天王寺区四天王寺 1 -11-18
時 8：30 〜 16：30（10 〜 3 月は 〜 16：00）※庭園の最終入園は 30 分前まで　毎月 21 日、会中は 30 分延長　休 無休　料 無料（中心伽藍、庭園、宝物館は別料金）

　国内の本格的な仏教寺院としては最古のお寺です。建立は今から 1400 年以上前の 593 年で、聖徳太子によって創建されました。中門、五重塔、金堂、講堂を南から北へ一直線に配置した「四天王寺式伽藍配置」は、日本ではもっとも古い伽藍構造のひとつ。幾度も天災や戦災にあい焼失しましたが、昭和再建の際も飛鳥時代の様式を忠実に再現しています。

五重塔と金堂と講堂

大阪ベイエリア

おおさかべいえりあ

大阪駅からのアクセス

電車：大阪メトロ御堂筋線または JR 環状線から大阪メトロ中央線に乗り換えて「大阪港駅」下車

大阪屈指のウォーターフロントとして知られる大阪ベイエリア。海遊館など人気の施設が集まるスポットです。標高 4.53 m の天保山は、公園として人々の憩いの場となっています。

OSAKA

巨大なジンベエザメや愛らしいペンギンで知られる海遊館のコンセプトは、「火山活動を持つ地球と生き物は互いに作用しあう、一つの生命体である」ということ。まるで海底を歩いているようなトンネル型水槽「魚のとおりぬけ・アクアゲート」を抜けると、そこに広がるのは太平洋をとりまく世界。環太平洋の地理関係を忠実に再現した大水槽で生きる海の生物たちを通じて、生命の尊さや不思議さ、自然環境の大切さを学ぶことができます。

① **海遊館** かいゆうかん

中学生 / 高校生 1,400/2,700 円

☎ 06-6576-5501　住 大阪市港区海岸通 1-1-10　時 10:00 〜 20:00（季節により変動あり、入館は 1 時間前まで）　休 1 月に計 2 日間　料 高校生以上 2,700 円、小中学生 1,400 円

8 階建ての水族館

文化

● おすすめコース

海の魅力を満喫！
一日かけて存分に楽しもう

大阪駅から電車で約20分。総合レジャースポット「天保山ハーバービレッジ」としても知られています。じっくり観光したい、盛りだくさんのエリアです。

6時間〜

大阪メトロ中央線 **大阪港駅** → 徒歩5分 → ① **海遊館** → 徒歩3分 → ② **天保山大観覧車** → 徒歩すぐ → ③ **天保山マーケットプレース** → 徒歩2分 → ④ **サンタマリア** → 徒歩10分 → 大阪メトロ中央線 **大阪港駅**

---

② 天保山大観覧車 **800円**
てんぽうざんだいかんらんしゃ

☎ 06-6576-6222　住 大阪市港区海岸通 1-1-10　時 10:00〜22:00（チケット販売は〜21:30）　休 海遊館と同じ　料 800円

　地上高112.5m・直径100mという世界最大級を誇る観覧車。所要時間は15分、搭乗中は日本語と英語で景色の解説が流れます。天気がいい日には、東は生駒山系、西は明石海峡大橋、南は関西国際空港、北は六甲山系までが一望できる大阪屈指の眺望スポット。キャビン（乗り物）60台のうち、8台は底面も透明なシースルーゴンドラで「高さをより感じることができて、迫力満点！」と大好評です。夜には最新式のLED照明を導入したイルミネーションも。

世界最大級の大観覧車

---

③ 天保山マーケットプレース
てんぽうざんまーけっとぷれーす

☎ 06-6576-5501　住 大阪市港区海岸通 1-1-10　時 11:00〜20:00（店舗・季節により変動あり）　休 海遊館に準ずる

　海を見ながら買い物や食事が楽しめます。いろいろな動物たちとふれ合える「天保山アニパ」や関西の名物を集めた「なにわ食いしんぼ横丁」など施設も充実。

大阪港すぐ

---

④ サンタマリア **1,600円**

☎ 0570-04-5551　住 大阪市港区海岸通 1-1-10　時 デイクルーズは 11:00〜16:00 までの毎時 00 分出航（出航時間は曜日・季節により異なる。1日5〜7便運航）　休 12/31・1月下旬〜2月上旬・2月中旬　料 デイクルーズ 1,600円（修学旅行特別プランあり ※貸切・食事付）

　新大陸に到達したコロンブスの旗艦「サンタマリア号」の約2倍の規模で建造した、大阪港を周遊する観光船。船から眺める雄大な海や国際貿易港ならではのコンテナ埠頭などの景色が学習につながります。

海上からの眺めは抜群

※天候・潮位等の理由により、やむを得ず運休・コース変更する場合があります

万博記念公園

ばんぱくきねんこうえん

大阪駅からのアクセス

電車：阪急大阪梅田駅から京都線で「南茨木駅」下車。大阪モノレールに乗り換えて「万博記念公園駅」下車

1970年開催の大阪万博跡地にできた広大な公園。内部が一般公開されている太陽の塔や、自然・文化体験ができる施設、「EXPOCITY」など、見どころがたくさんあります。

OSAKA

国立民族学博物館 ❷
水すましの池
大地の池
万博記念公園 ❶
大阪日本民芸館
夢の池
彩都西駅へ
公園東口駅
お祭り広場
太陽の塔
EXPO'70パビリオン
吹田市
中国自動車道
大阪モノレール彩都線
大阪モノレール
万博記念公園駅
大阪空港駅へ
N
0　　200m
❺ NIFREL
❹ OSAKA WHEEL
❸ EXPOCITY
ららぽーとEXPOCITY
門真市駅へ
万博記念野球場

---

❶ 万博記念公園
ばんぱくきねんこうえん

中学生/高校生
80/260円

☎ 06-6877-7387　住 吹田市千里万博公園　時 9：30～17：00（最終入園 16：30）休 水曜（祝日の場合は翌日。4/1～GW 最終日、10/1～11/30 は無休）料 260円、小中学生 80円（自然文化園・日本庭園共通）

　四季折々の植物が育つ自然豊かな公園。自然文化園・日本庭園の2つのエリアがあり、2018年より太陽の塔内部を一般公開（入館料別途 720円、小中学生 310円。予約優先）。

写真提供：大阪府

❷ 国立民族学博物館
こくりつみんぞくがくはくぶつかん

無料

☎ 06-6876-2151　住 吹田市千里万博公園 10-1　時 10：00～17：00（最終入館 16：30）休 水曜（祝日の場合は翌日）料 520円、大学生 250円、高校生以下無料

　万博記念公園内にある世界最大級の民族学博物館です。国内・国外各地の衣食住に関わる生活用具や、その暮らしの様子を展示しており、世界の人びとの文化や魅力に触れることができます。

異文化に触れる体験

文化

● おすすめコース
新旧の大阪の
ランドマークを訪れよう

豊かな自然と、日本や世界の歴史・文化に触れる「万博記念公園」。そして最新の体験型施設が集まる「EXPOCITY」を周るコースです。

6時間〜

大阪モノレール 万博記念公園駅
→ 徒歩5分 →
① 万博記念公園
→ 徒歩9分 →
② 国立民族学博物館
→ 徒歩15分 →
③ EXPOCITY
④ OSAKA WHEEL
⑤ NIFREL
→ 徒歩5分 →
大阪モノレール 万博記念公園駅

③ EXPOCITY
えきすぽしてぃ

☎ 06-6170-5590（受付 10：00 ～ 18：00）
住 吹田市千里万博公園 2-1　休 不定休
時 料 各施設により異なる

　万博記念公園に隣接する、「『遊ぶ、学ぶ、見つける』楽しさをひとつに!」をテーマとした大型複合施設。生きもののミュージアム NIFREL や日本最大の観覧車 OSAKA WHEEL、プログラミング教育施設 REDEE などがあります。

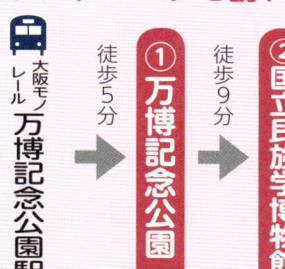
約 172000㎡ の広大な敷地

④ OSAKA WHEEL
おおさかほいーる

中高生 1,000 円〜

☎ 06-6170-3246　住 EXPOCITY 内　時 10：00 ～ 22：00（最終受付時間 21：40 ※来場前に最新情報要確認）　休 EXPOCITY に準ずる　料 レギュラーチケット 1,000 円、日時指定チケット 1,500 円

　全高 123m の日本一高い大観覧車。冷暖房完備の快適なゴンドラからは、万博記念公園の豊かな緑や太陽の塔が見下ろせ、晴れた日には大阪市内のビル群や生駒山系・六甲山系まで見渡すことができます。

18 分の空の旅

⑤ NIFREL
にふれる

中学生/高校生 1,100/2,200 円

☎ 0570-022060（ナビダイヤル）　住 EXPOCITY 内　時 平日 10：00 ～ 18：00、土日祝 9：30 ～ 19：00（最終入館は閉館の 30 分前）　休 無休　料 2,200 円、小中学生 1,100 円

　コンセプトは「感性にふれる」。水族館、動物園、美術館が融合した新感覚のミュージアムです。哺乳類や鳥類を含む約120種類の生きものを、まるでアートを楽しむかのように、直感的に間近に楽しめる工夫を凝らして展示しています。体験型交流スペース「ニフレルメイクス」では、季節ごとに生きものや自然とのつながりを身近に感じられる塗り絵やワークショップを開催しています。

これまでにない距離感で楽しめる

テーマに合わせて選ぶ体験コース

　地域に伝わる歴史や文化、産業について知ることも、旅の醍醐味です。伝統工芸の工房を見学して匠の技にふれたり、実際にものづくりを体験できるコースも用意されています。楽しみながら学べる体験コースは、興味のあるテーマをより身近に感じることができます。ルールやマナーを守り、楽しい思い出づくりをしましょう。

●食文化にふれる

　京都の食といえば、日本料理や和菓子。おみやげにも人気の「おたべ」も有名です。和菓子の老舗で生菓子の手づくり体験、お茶にまつわる体験も見逃せません。奈良では、郷土料理「柿の葉ずし」づくりや、漢方薬局でつくるカレー粉にも注目です。大阪といえば粉ものグルメ。名物のお好み焼きやたこ焼き教室も人気です。

●伝統文化にふれる

　古都京都には、清水焼、西陣織、京扇子、京からかみ、京象嵌など、有名な伝統工芸品がたくさんあります。また、奈良時代からの歴史が息づく奈良も、奈良筆・

墨・瓦や団扇など伝統工芸品が伝わっています。職人さんの技を見学したり、実際に製作体験できるメニューも豊富。気になるテーマでコースを探してみましょう。飛鳥時代にタイムスリップして古代体験ができるプログラムも要チェック。天下の台所といわれた大阪では、楽しい食品サンプルづくりに挑戦することもできます。

●暮らしにふれる

　建物や町並みを見学して、歴史や受け継がれてきた人々の暮らしについて学んでみましょう。着物姿で、町の散策を満喫するのもおすすめです。寺院での坐禅体験や写経体験で、静かな時間を過ごすのも貴重な体験です。

やってみよう！
京都・奈良・大阪　体験プログラム

清水焼の絵付け体験
森陶器館
もりとうきかん

本格的な絵付け体験

清水寺に続く参道にある窯元で、清水焼の陶芸体験ができます。素焼きにした湯のみやマグカップ、ご飯茶碗などに自由に絵や文字を描く「絵付け体験」ができます。きれいに仕上げるコツなどは教えてもらえるので安心。絵付けをした陶器は、約1カ月で送ってもらえます。

体験

友達と一緒に楽しく体験

手びねり体験（2,550円〜）

清水坂にある店舗

DATA ☎ 075-561-3457　京都市東山区清水 2-254　**時** 9：30 〜 17：00（体験は 16：00 まで、要予約）
休 無休　**料** 絵付け体験（マグカップ、フリーカップ、丸皿のほかに 7 種あり）1,280 円〜

- -

「扇子」の絵付け体験
舞扇堂
まいせんどう

1 階は京扇子や和雑貨が
並ぶ店舗

扇面紙に絵の具で絵付け

平安時代からの歴史がある京扇子。人気の扇子専門店「舞扇堂」の各店舗 2 階では、扇子の絵付け体験をすることができます。仕上がっている扇子に好きな絵や文字を描く簡易タイプと、扇面紙に自由に絵付けをして、職人さんによる仕上げの後、約 2 カ月で送ってもらえるお仕立て本格タイプがあります。

DATA

○祇園店：075-532-2050　**住** 京都市東山区祇園町南側 579　**時**（体験開始時間）9：30 〜 17：00 ※ 30 名以上は 17：00 以降可
○きよみず店：075-532-2001　**住** 京都市東山区八坂通二年坂西入ル　**時**（体験開始時間）9：00 〜 15：00
○錦市場店：075-212-5656　**住** 京都市中京区錦小路通御幸町西入ル　**時**（体験開始時間）9：00 〜 16：00
休 不定休　**料** 扇子絵付け体験：本格タイプ 3,190 円、簡易タイプ 2,750 円（要予約）

オリジナルの扇子が完成

丁寧に仕立ててもらえる

「生八つ橋」づくりに挑戦！
おたべ本館
おたべほんかん

手作りから試食まで楽しめる

京都銘菓といえば「八つ橋」。生八つ橋（おたべ）の手づくり体験ができる「じっくりおたべ体験道場」は、生八つ橋の生地づくりから三角のおたべに仕上げるまでの工程を楽しみ、工場見学もできる約1時間のコースです。約30分の、生八つ橋の生地にあんこをはさむ「おてがるおてつくりおたべ体験」もあります。工場稼働時間内なら工場見学のみもOKです。

丸めたり、伸ばしたり

おたべ本館の外観

DATA
☎ 075-681-8284　🏠京都市南区西九条高畠町35-2　🕐10：00〜17：00（体験道場は10：30〜の1日1回、おてつくり体験は14：00〜、15：00〜の1日2回。1週間前までに要予約）🈷無休　🈹体験道場1,200円、おてつくり体験800円

「生菓子」の手づくり体験
亀屋良長　京菓子手づくり教室
かめやよしなが　きょうがしてづくりきょうしつ

創業220年を超える京菓子の老舗「亀屋良長」では、職人さんと一緒に、茶会などに出される、美しい生菓子の手づくり体験ができます。作れるのは、四季折々の風情が感じられる「練りきり」と「きんとん」の2種類の生菓子です。できあがった生菓子は、抹茶と一緒に味わえます。和菓子についての説明を聞いたり、お干菓子の実演を見ることもできます。

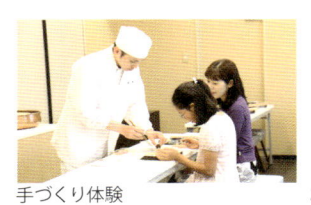
手づくり体験

おいしそうな生菓子が完成

お干菓子の実演も見られる

DATA
☎ 075-221-2005　🏠京都市下京区四条通油小路西入ル柏屋町17-19　🕐9：30〜18：00（体験は1日1回14：00〜）🈷無休（体験教室は日曜、その他不定休あり）🈹約60分の体験コース高校生以下2,750円（要予約）

京からかみハガキ摺りに挑戦！

唐丸
からまる

4 ～ 6 枚作成できる

襖紙や壁紙として利用される京からかみは、平安時代からつくられてきた京都の伝統工芸。唐丸では、伝統文様が彫られた版木を使って、一枚一枚手摺りする、オリジナルのハガキづくり体験ができます。さまざまな色や柄を組み合わせ、手摺りならではのあたたかい風合いを楽しめます。

体験

10 色以上のハガキを用意

顔料の調合にも挑戦

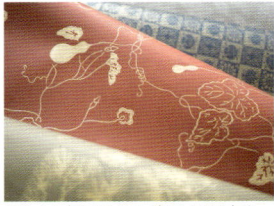
美しい京からかみ商品の販売も

DATA ☎ 075-361-1324 住京都市下京区高辻通柳馬場西入泉正寺町 460 時 10：00 ～ 17：30（体験開始は 14：00 ～、16：00 ～の 1 日 2 回） 休日・月曜、祝日 料 約 60 分の京からかみハガキ摺り体験 2,400 円

お茶にまつわる体験が豊富

お茶と宇治のまち交流館　茶づな
おちゃとうじのまちこうりゅうかん　ちゃづな

アートな茶筒づくりは人気 No.1 ！

「お茶と宇治のまち歴史公園 」のお茶と宇治のまち交流館「茶づな」では、宇治や宇治茶にまつわる体験プログラムが豊富です。31 種類のデザイン和紙から選べるオリジナル茶筒づくり、本場ならではの茶臼から抹茶づくり体験や、聞き茶体験などのほか、毎年 4 月中旬～ 5 月末には茶摘み体験もできます。

茶摘み体験 (詳細は要問合せ)

DATA
☎ 0774-24-2700 　住宇治市菟道丸山 203-1
時 9：00 ～ 17：00 （体験時間は要確認）
休無休 　料 茶筒づくり体験 1,000 円、抹茶づくり体験 1,800 円、聞き茶体験 1,200 円

五感で楽しむ聞き茶体験

茶臼から抹茶づくし体験

工房見学＋体験ツアーが豊富！
京都伝統産業ミュージアム
きょうとでんとうさんぎょうミュージアム

透かしうちわづくり

京都に息づく産業や文化を紹介する京都伝統産業ミュージアムの「京都工房コンシェルジュ」では、ものづくりの現場である伝統産業の工房を実際に訪れ、見学・体験できるツアーが充実。西陣織、京友禅、京焼・清水焼、京鹿の子絞り、京うちわなど、多彩な分野のメニューがあり、ホームページから申し込むことができます。

京鹿の子絞り
染め体験

京こまづくり

ミニ和傘づくり

DATA

☎ 075-762-2670　🏠京都市左京区岡崎成勝寺町 9 番地の 1　京都市勧業館みやこめっせ　🕐 10：00 〜 17：00　💤不定休　💰※各体験コースの場所、時間、料金、体験可能人数等詳細は HP 要確認
https://kyotoartisans.jp

宇治茶に関わるさまざまな体験をしてみよう
福寿園 宇治茶工房
ふくじゅえん うじちゃこうぼう

宇治茶工房では、お茶に関するさまざまな体験ができます。一番人気の「石臼で抹茶づくり」は、挽きたての抹茶の香りを味わうことができます。抹茶の原料である碾茶（てんちゃ）を石臼で挽き、お茶の製造工程などのお話も聞けます。挽き上がった抹茶は、その場で点てて和菓子と一緒にいただきます。その他、ほうじ茶づくり、絵付けなどを楽しむことができます。

抹茶の原料である碾茶（てんちゃ）を石臼で挽く

石臼を回している間にお茶の製造工程などをレクチャー

1 階の奥には資料館も

DATA

☎ 050-3152-2930　🏠宇治市宇治山田 10　🕐 10：00 〜 17：00　💤不定休　※ HP の新着情報要確認　💰石臼で抹茶づくり 1,650 円、ほうじ茶づくり 2,200 円、絵付け（小皿）3,300 円、（湯呑）5,500 円

京都らしいおみやげづくり
京都ハンディクラフトセンター
きょうとハンディクラフトセンター

さまざまな教室を開催

京都の伝統工芸品にふれられる京都ハンディクラフトセンターには、多彩な体験教室があります。匂い袋づくり、土鈴人形の絵付け、7種類の材料を調合する七味づくり教室などが人気です。美しい京象嵌の、鉄生地に純金・純銀の模様をはめ込む体験もでき、完成品は約3週間で送ってもらえます。

体験

ストラップかペンダントが選べる京象嵌

好みに合わせた七味を

やさしい音色の土鈴人形

DATA ☎ 075-761-0142　住京都市左京区聖護院円頓美町17　時10：00～16：00　※要事前予約、体験開始時間等詳細は要問合せ　休不定休　料京象嵌体験（約60分）4,400円、匂い袋づくり（約45分）・土鈴人形の絵付け（約60分）・七味の調合（約40分）各2,200円など

和菓子づくりを楽しむ！
七條甘春堂
しちじょうかんしゅんどう

丁寧に気持ちをこめて

桜の生菓子づくり

慶応元（1865）年創業の京和菓子の老舗、七條甘春堂。三十三間堂のそばの本店と、京都タワーサンド店の2カ所で、和菓子づくり体験ができます。修学旅行生体験教室では、上生菓子を2種類3点作成。2点はおみやげ、1点は自分で点てた抹茶と一緒に味わえます。お菓子をよりおいしく見せるためのひと工夫も、教えてもらえます。

手づくり体験風景

DATA

○**本店**：075-541-3771　住京都市東山区七条通本町東入西の門町551番地　時体験開始は10：00、13：00、15：00　休月曜（祝日の場合は翌日）　料修学旅行生体験教室1,980円

○**京都タワーサンド店**：075-371-0801　住京都市下京区烏丸七条下ル東塩小路町721-1京都タワーサンド2階　時体験開始は10：00、13：00、15：00、17：00　料修学旅行生体験教室1,980円

西陣織、万華鏡づくりに挑戦！
西陣織会館
にしじんおりかいかん

手織体験風景

西陣織の史料を展示・紹介する西陣織会館では、ミニ手機を使用して、約40分で20cm×30cmのテーブルセンターを織れる、西陣織の手織体験ができます。また、西陣織の裂地を筒に貼り、ビーズの組み合わせを考えて入れ替えができる、オリジナルの万華鏡手作り体験もできます。

万華鏡手作り体験

西陣織会館外観

DATA

☎ 075-451-9231　住京都市上京区堀川通今出川南入西側　時10：00〜16：00　休月曜（祝日の場合は翌日）　料入館無料（西陣織体験2,200円・中高生1,870円、万華鏡手作り体験1,320円）

町家見学＆京のしきたりを学ぶ
西陣くらしの美術館　冨田屋
にしじんくらしのびじゅつかん　とんだや

140年前の姿を残す冨田屋

1885（明治18）年に、呉服商の店舗と住居として建てられた、国登録有形文化財・京都市景観重要建築物に指定されている「冨田屋」。建物や調度品を見学し、代々受け継がれている商家のしきたりや、京の暮らしについての説明が聞けます。お茶席体験や、古典遊び体験などもあります。

冨田屋の奥座敷

本物の京都にふれられる

DATA

☎ 075-432-6701　住京都市上京区大宮通一条上ル　時10：00〜17：00（体験開始は11：00、13：00、15：00）　休なし（予約制）　料町家見学と京のしきたりのお話（45分）2,200円、お茶席体験（15分）3,300円など

坐禅や写経を体験しよう
興聖寺
こうしょうじ

経験豊かな僧侶が初心者にもわかりやすく指導

興聖寺は全国に 27 カ所しかない曹洞宗専門僧堂の一つで、曹洞宗初開道場として、禅の精神を多くの方に知ってほしいと広く開放しています。坐禅の経験がない人でも、丁寧に作法等の指導をしてくれるので気軽に参加できます。通常の所要時間は、説明や休憩を入れて 60 ～ 90 分ですが、時間は希望に合わせて何分でも可能。時間がない場合は、10 分だけでも参加できます。「写経」はお経を書き写すこと。写経体験も予約不要で随時受け付けています。

心静かに写経体験しよう

DATA

☎ 0774-21-2040　住宇治市宇治山田 27-1　時夜明け～日没
休なし　料志納料（坐禅体験 1,000 円、写経体験 1,000 円）

体験

京都の祇園で坐禅体験
両足院
りょうそくいん

廊下から庭園が見られる

祇園の花見小路の奥に佇む臨済宗建仁寺派の塔頭寺院、両足院。初夏と冬の特別拝観時以外、通常は非公開の寺院ですが、要予約で坐禅体験ができます。準備体操から坐禅、法話まで 60 ～ 90 分のコースで、庭園の見学も可能です。写経体験（40 ～ 80 分）もでき、静かな時間を過ごせます。

初夏は半夏生が美しい

坐禅で日常からの解放を感じて

DATA

☎ 075-561-3216　住京都市東山区大和大路通四条下る 4 丁目小松町 591　時HP で要確認（予約制）　休不定休　料志納料（坐禅体験 2,000 円、写経体験 1,000 円）

いざ！ジャパンエンタメ新聖地
東映太秦映画村
とうえいうずまさえいがむら

これまでに映画は 2,000 本以上、ドラマは 9,000 話以上を映像作品として撮影した聖地で、アトラクションも充実したテーマパーク。ここでの楽しい体験を通して江戸時代の世界観にふれてみよう。

東映京都撮影所の殺陣師や俳優による
殺陣（たて）講座

時代劇でお馴染みのアクションシーン。その立ち回りの形や心得を教えてくれます。安全面に配慮しながら、木刀を使用した殺陣の体験をします。時代劇の魅力に触れることができます。

● 所要 60 〜 90 分／映画村営業時間内／料金は人数により異なる（詳しくは HP 参照）／2 週間前までに要予約

映画村おもしろ
ウォークラリー

映画村オリジナルの問題キットに沿って、村内をめぐるウォークラリー。江戸時代の知恵と暮らしを学ぶなど、テーマが異なる 2 つのコースが用意されています。

● 所要約 30 分／映画村営業時間内／無料／用紙は映画村 HP よりプリントアウト

本格手裏剣体験道場

世界的にも認知されるニンジャ。その得意の武器である手裏剣を的に向かって投げられる実践道場。伊賀流手裏剣打ちにチャレンジしてみよう（13 歳以上）。

● 所要約 10 分
本格手裏剣 500 円
ゴム手裏剣 300 円

時代衣装体験 かつら・メイクなし
着付けのみ

町娘や新選組隊士に約 15 分で変身できます。そのままの姿で村内を散策すると、まるで江戸時代にタイムスリップした気分が味わえます。振袖若衆、坂本龍馬などもあります。

● 所要約 90 分（60分の散策可・16：30まで）／5,800 円

＜定番体験＞

京都の伝統工芸を楽しむこともできます（要予約）。

◆ 念珠ブレスレットづくり体験

カラフルな天然石を好みの順に通して念珠ブレスレットを作ります。所要時間 30 〜 60 分（1 回 30 人以上）／ 1,650 円（当日持ち帰り）

◆ 清水焼絵付け体験 ［京焼］

清水焼の器に色鮮やかな絵の具で絵付け。描き直しもできて安心。所要時間 60 分（1 回 30 人以上）／ 1,650円〜（送料は別途）

DATA

☎ 0570-064349 （ナビダイヤル） 住 京都市右京区太秦東蜂岡町 10 時 9：00 〜 17：00 （時期により異なるので公式 HP 要チェック） 休 1 月中旬 料 入村料 2,400 円、中高生 1,400 円、3 歳以上 1,200 円、修学旅行の中高生グループは 1 人 1,060 円

着物姿で京都散策を楽しもう
舞妓体験スタジオ 四季
まいこたいけんすたじお しき

プロによるメイク・着付け・スタジオでの撮影がセットになった「舞妓スタジオ撮影プラン」「サムライプラン」に、修学旅行価格が設定されていて超お得。スタジオ撮影後、自分たちのカメラでの撮影もOK。散策に出ることもできます（別料金）。

体験

舞妓さん姿で散策も

舞妓さんに変身

着物のレンタルも

男子のサムライプラン

DATA ☎ 075-531-2777 **住**京都市東山区清水 2-208-7 **時**9：00 ～ 17：00（最終受付 16：30）**休**無休 **料**修学旅行生プラン 6,490 円・修学旅行生サムライプラン 5,390 円

あこがれの舞妓さん体験も！
舞妓変身・着物レンタル 夢館
まいこへんしん・きものれんたる ゆめやかた

豊富な衣装と伝統的な和化粧で、本格的な感動の舞妓体験ができます。 京都を1日中着物で散策できる「着物レンタル」も大人気。 着物が似合う京都で、気軽に着物を楽しめるよう、すべてそろった着物プランが用意されています。

着物で京都散策

プロのメイクと着付けで変身

町中が写真映えスポット

DATA ☎ 075-354-8515 **住**（舞妓体験）京都市下京区亀屋町 161-1（着物レンタル）京都市下京区塩竈町 353 豊彩ビル **時**10：00 ～ 17：30（最終入店時間：16：00） **休**無休 **料**修学旅行着物レンタル 2,970 円（修学旅行パスポート提示で 2,500 円）・舞妓体験 11,000 円（3 ポーズ）

奈良団扇づくりの見学 & 体験
池田含香堂
いけだがんこうどう

カッターナイフを使った細かい作業

奈良時代から作り始めた奈良の伝統工芸品「奈良団扇」。創業170年の池田含香堂では、創業当時と変わらない材料と道具を使い、すべて手作業で製造しています。透かし彫りと叩き張りの体験を行い、世界で一本だけのオリジナル団扇を作ることができます。タイミングが合えば、作業風景や高級団扇を見学することができます。

いろいろな図案がある

わかりやすく指導

DATA

☎ 0742-22-3690　住奈良市角振町16　時9：00〜15：00（要予約）　休9〜3月の月曜　料体験（約120分／約60分）1,980円（送料は別途）

奈良筆の仕上げ工程を体験
奈良筆 田中
ならふで たなか

体験に使う道具はこちら

奈良筆から始まった日本の筆。奈良時代から続くその奈良筆の伝統工芸の歴史にふれながら、奈良筆づくりの最終の工程を体験することができます。穂首（ほくび）が軸に入るよう小刀で筆軸のくちを削り、金櫛で穂首を筆軸に接着し整える「筆軸くり込み工程」と、筆の穂首に"ふのり"を染み込ませ、金櫛と糸を使って穂首を円錐状に整え、完成品に仕上げる「穂首の仕上げ工程」があります。

作業風景

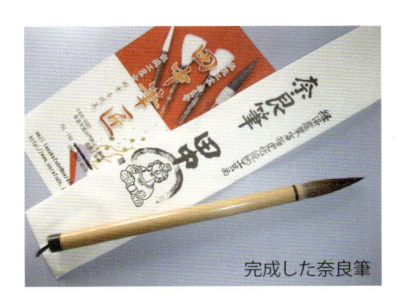
完成した奈良筆

DATA

☎ 090-8483-4018　住奈良市公納堂町6　時11：00〜17：00（要予約）　休不定休　料穂首仕上げ体験（約30分）1,600円、筆軸くり込み→穂首の仕上げ体験（約60分）2,200円

体験

赤膚焼（あかはだやき）染付け体験
赤膚焼 大塩恵旦
あかはだやき おおしおけいたん

赤膚焼は、天平年間、豊臣秀吉の弟で、大和郡山城主の秀長が、愛知県常滑（とこなめ）の陶工を招き、赤膚山で茶器を焼かせたのが始まりとされています。小堀遠州七窯の一つで白釉とかわいい奈良絵が人気です。がんこ一徹長屋内にあるので、ほかの工芸も見学することができます。

奈良らしい絵付けもできる

大人数の受け入れも可能

自由な発想で思い思いの絵を描ける

DATA

☎ 0742-41-0657　住 奈良市西ノ京町215-1　がんこ一徹長屋内　時 10：00〜16：30（要予約）休 月曜　料 体験（約 30 分）2,200 円

にぎり墨体験にチャレンジ！
墨の資料館
すみのしりょうかん

自分の手の平で握ってつくる「にぎり墨体験」。作業場の窓越しに渡される墨は、職人の手で練って円筒状に延ばされたもので、指紋が付くようにしっかりと握ります。にぎり墨は、10 月頃から 4 月末頃までの墨の製造期間中の体験です（要予約）。2 階では、職人による墨の型入れなどの見学ができ、3 階では、墨ができるまでの映像（約 10 分）が鑑賞できます。

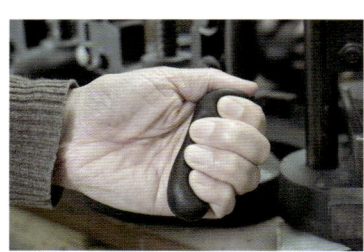
職人さんから渡される練った墨はあたたかい状態

型入れ作業など、ガラス越しに製造工程の見学ができる

桐箱に入れて持ち帰ることもできる（別途 550 円）

DATA

☎ 0742-41-7155　住 奈良市六条 1-5-35　（株）墨運堂内　時 10：00〜13：00　休 月曜、8月（体験は 5〜9 月）料 体験後持ち帰り　一般 1,650 円、学生 1,100 円、桐箱 550 円

柿の葉ずしづくり体験
平宗奈良店
ひらそうならてん

店舗では鯖・鮭以外も多彩に展開

江戸中期に紀州（現在の和歌山）でとれた鯖を塩でしめ、奈良県の吉野まで運んだのが柿の葉ずしのはじまり。以来、奈良の郷土料理、柿の葉ずしは、祭りなど「ハレの日」に食べる特別な料理として受け継がれてきました。製造体験では、約20分で鯖と鮭の柿の葉ずしを作り、木の箱に詰め、ガリとおしぼりを添えて掛け紙もします。お店で販売しているものと同じ、本格的な柿の葉ずしが完成します。柿の葉ずしにまつわる、約10分の映画上映もお楽しみに。

猿沢池近くにあってアクセスも抜群

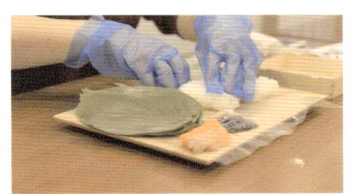
一つひとつ丁寧に調理

DATA
☎ 0742-22-0866　住奈良市今御門町 30-1　時平日 15：00 〜、16：00 〜（2名〜・要予約）　休月曜（祝日の場合はその翌日）、繁忙期（電話で要問い合わせ）　料鯖・鮭 8個入 1,900 円、鯖・鮭 12 個入 2,400 円（2023 年 4 月から料金変更あり）

ミニ鬼瓦を手づくりしよう
瓦道
がどう

粘土工作のように楽しめる

鬼瓦は、昔から家の守り神や厄除けとして屋根に飾られてきた伝統工芸品。制作体験では東大寺、法隆寺、薬師寺のミニサイズの鬼瓦が作れます。裏面に願い事などを書いて完成です。作ったミニ鬼瓦は、お守りにもぴったり。約1カ月後に焼き上がった完成品を見るのが楽しみです。1人から大人数まで受け入れ可能です。

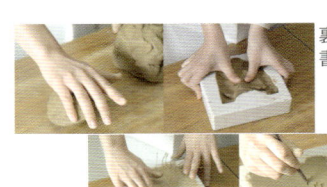

裏面に名前や日付を書いて仕上げる

完成品は魔除け、文鎮、壁掛けなどに

DATA
☎ 0742-22-2391　住奈良市奈良阪町 1144　時 9：00 〜 17：00（1 時間おき・要予約）　休なし　料 2,750 円（送料は別途）

カレー粉手づくり体験
菊岡漢方薬局
きくおかかんぽうやっきょく

スパイスと漢方薬を知りつくした店主が教えてくれる

創業800年の老舗漢方薬店で楽しむカレー粉手づくり体験です。まずはスパイスについての話を聞き、20種のスパイスを組み合わせてオリジナルのカレー粉を作ります。好みで辛さを加えたり、香りを加えたりして仕上げます。スパイスの効用についても学ぶことができます。作ったカレー粉はフルネーム入りのパッケージに入れて持ち帰ることができます。

体験

蔵の中での体験

漢方薬のことも気軽に聞いてみよう

DATA ☎ 0742-22-6611 **住**奈良県奈良市中新屋町3 **時**13：00〜、15：00（1〜5人・要予約）**休**月曜 **料**3,300円

いろいろな体験が楽しめる！
遊悠工房 zoo& かぎろひ
ゆうゆうこうぼうズーアンドかぎろひ

パワーストーンのブレスレット（完成品）

ならまちの古民家で、大人から子どもまでさまざまな体験が楽しめます。鹿の角や天然石を使った「パワーストーン・ブレスレット」、鹿の角や天然石を使って透明樹脂で固める「レジンアクセサリー」、9種類の香木をブレンドする「におい袋」、好きな色と香りを選ぶ「お香作り」など、多彩なメニューが魅力です。

鹿のパーツもいろいろ揃う

鹿の型押しをした袋もかわいい

パーツが多彩なので選ぶのも楽しい

DATA ☎ 0742-26-4387 **住**奈良市毘沙門町29 **時**11：00〜17：00（予約可）**休**火・水曜（相談可）**料**レジンアクセサリー作り1,600円〜、におい袋1,800円〜、お香づくり1,700円〜

飛鳥時代にタイムスリップ！
飛鳥古代体験プログラム
あすかこだいたいけんプログラム

古代の都・飛鳥において出土された装飾品を現代風にアレンジする、さまざまな体験メニューがあります。

時間：10：00 〜 16：00
場所：**(A) 国営飛鳥歴史公園館**　高市郡明日香村大字平田 538
　　　(B) キトラ古墳壁画体験館　高市郡明日香村大字阿部山

申し込み・問い合わせ：**0774-54-2441**（飛鳥管理センター）

古代ガラス制作体験

飛鳥池遺跡から出土したガラス玉を、発掘の調査結果を元に、当時の制作技法や窯を再現。古代の人になりきって、きれいなガラス玉作りを楽しみます。

●所要 120 分　対象：小学 5 年生以上（小学生は保護者同伴）
人数：5 〜 20 人　料金：1,000 円　場所：（B）

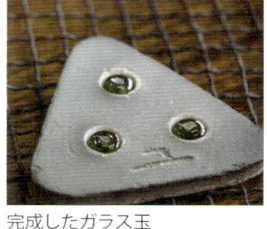
完成したガラス玉

ガラス玉を溶かす工程

勾玉づくり
まがたま

古代の装飾品として有名な勾玉。滑石という柔らかい石をやすりで削り、サンドペーパーで磨き上げて完成させます。

●所要 90 〜 120 分　対象：小学 1 年生以上（小学生は保護者同伴）　人数：10 〜 40 人　料金：400 円　場所：（A）（B）

サンドペーパーで石を磨きます

完成した勾玉

海獣葡萄鏡づくり
かいじゅうぶどうきょう

「海獣葡萄鏡」は高松塚古墳から出土した鏡。溶かした合金を流し込み、鏡面は時間をかけて完成させるといった、本格的な工程を体験できます。

●所要 60 分　対象：小学 3 年生以上（小学生は保護者同伴）
人数：5 〜 10 人　料金：大 1,500 円、小 600 円　場所：（A）（B）

型に流し込む工程

綺麗な模様の海獣葡萄鏡ができあがり

富本銭づくり
ふほんせん

最古の鋳造銭といわれている富本銭を再現して作ります。

●所要 40 分　対象：小学 3 年生以上（小学生は保護者同伴）
人数：5 〜 10 人　料金：800 円　場所：（A）（B）

富本銭が完成

体験

食品サンプルづくりに挑戦
デザインポケット大阪本店
デザインポケットおおさかほんてん

千日前道具屋筋商店街にある食品サンプル専門店「デザインポケット」で、大阪の名物「たこ焼き」や、女子が大好きキュートなパフェなどの食品サンプルを作ります。

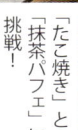

おみやげ選びも楽しい

「たこ焼き」と「抹茶パフェ」に挑戦！

約60分で完成！

＜食品サンプルたこ焼き体験＞
たこ焼き製作体験では、焼き目を付けたり、ネギ・紅ショウガの絵付け、ソースのトッピングなど工程も多いので、子どもはもちろん大人も夢中になります。キーホルダーとマグネットと選ぶことができます。
時：60分　料：2,480円

＜食品サンプル抹茶パフェ制作体験（メモクリップ）＞
京都名物の抹茶パフェのサンプルを作る体験です。ホイップクリームを絞ったり、ワッフルに焼き色を付けたり…。パフェだけにいろいろなパーツがあるので、盛り付けるのも楽しめます。メモクリップにもなるので実用性もあります。
時：60分　料：2,980円

＜食品サンプル寿司作り体験（マグネット）＞
ほんものそっくりに寿司ネタの絵付けをする体験です。トロとサーモンを本物そっくりに絵付けして仕上げます。あらかじめ作っているシャリとネタを接着してツヤを付ければお寿司屋さんのお寿司ができあがります。
時：60分　料：2,980円

DATA ☎ 06-6586-6251　住大阪市中央区 難波千日前 10-11　時 11：00～、12：00～、13：00～、14：00～、15：00～、16：00～（要予約）　休無休

わらび餅を注文してきな粉づくり
甘味処 創作和菓子工房 芭蕉庵
かんみどころ そうさくわがしこうぼう ばしょうあん

創業 150 年の老舗和菓子店「芭蕉庵」では、「本造り笑来美餅（わらびもち）」（抹茶 or コーヒー付 1,300 円）を注文すると、極上丹波黒豆を石臼でひいてきな粉を作る石臼体験にチャレンジできます。本造りのプルプル食感は絶品で、自分でひいたきな粉のおいしさも格別です。

DATA ☎ 06-6440-5928　住大阪市北区大淀中 1-1-90 梅田スカイビル B1 階　滝見小路内
時 11：30～20：00（LO19：00）　休無休

お好み焼を焼いてみよう
お好み焼体験道場 大阪ぼてぢゅう
おこのみやきたいけんどうじょう おおさかぼてぢゅう

店で使う道具と同じものを使う

お好み焼専門店「大阪ぼてぢゅう」で完全予約制で行っている「お好み焼体験道場」。粉を配合して生地を作るところからスタートし、好みのソースをかけて仕上げるまで、スタッフが丁寧に指導してくれるので、誰でもおいしいお好み焼を作ることができます。最後に自分が焼いたアツアツのお好み焼を食べた後は、「免許皆伝認定書」がもらえます。お腹も満腹、気持ちもほっこり、みんなでワイワイと楽しい時間を過ごせる体験メニューです。専門店ならではの「おいしく焼くコツ」をたくさん伝授してくれるので、家で帰ってからも実践できそうです。

ふんわりやわらかくボリュームも満点

DATA

☎ 06-6632-3631（土日・祝日と 17：30 以降は 06-6643-4410）　住大阪市中央区難波 4-3-21
時 11：00 〜 23：30（LO23：00）　休無休　料体験料 3,190 円（ウーロン茶付）、3,960 円（おみやげ付）

たこ焼きを焼いてみよう
たこ焼き教室 無限
たこやききょうしつ むげん

自分で焼いたたこ焼きはおいしさも格別

具材は豊富に揃う

上手にできるかな

粉からたこ焼きを作って食べるスタイルのたこ焼き教室。たこ以外にも、貝柱、イカ、エビなどの魚介類、ソーセージ、コーン、ツナ、餅、チーズ、トマトなど具材料がたくさんあり、そのなかから好みのものを選んで、1 人で 12 個のたこ焼きを焼きます（アレルギー対応以外は、具材は全員分同じ内容で事前に指定してください）。ソースはもちろん、それ以外の調味料も多彩に揃っているので、いろいろな味変が楽しめます。毎日、11：00 から 20：00 までの、毎 00 分開始で所要時間 50 分の完全入替制。1 回につき最大 46 名まで受入れ可能です。

DATA

☎ 06-4394-8467　住大阪市港区海岸通 1-5-31 日和橋ビル 2 階
時 11：00 〜 20：00（LO）　休不定休　料たこ焼き基本セット 1,500 円

見て・聴いて・体験できる放送局広場

NHK 大阪放送局 BKプラザ

エヌエイチケイおおさかほうそうきょく ビーケイプラザ

大阪放送局の1階と9階にあるBKプラザは、放送技術を体験できる展示施設やライブラリー、キャラクター観覧車などがあります。

体験

＜1階見学コース＞

キャラクター観覧車
NHKの人気キャラクターが勢ぞろい！映像でも楽しめます。

なりきりスタジオ
放送のしくみ（クロマキー）を使ってテレビの中の世界を体験できます。ニュースやお天気のキャスターが体験できるほか、「海中散歩」ではイルカやクジラと遊んだり、「恐竜の世界」では恐竜と対決したりできます。

VR体験コーナー
関西各地の話題を"360度映像"で撮影しました。貴重な文化遺産など普段は立ち入ることができない場所の映像が盛りだくさん。360度をぐるりと見回してみましょう。

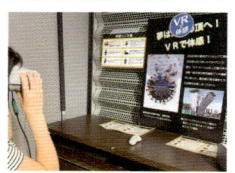

ドリームフォトコーナー
お気に入りの衣装を着て変身できるコーナー。キャラクターと一緒に記念写真を撮ることもできます。

＜9階見学コース＞

セットの秘密
ドラマセットの秘密を紹介しています。普段テレビで見ているドラマの裏側を楽しむことができます。

擬音体験コーナー
映像に合わせて波の音や馬の足音、雨の音など道具を使った擬音を体験できます。

DATA

☎ 06-6937-6020　住 大阪市中央区大手前4-1-20　時 10：00～18：00（入館は～17：30）　休 火曜（祝日の場合は開館）　料 無料

【予約方法】電話での予約
見学日の1か月前の1日の午前10時から先着順で受付。（1日が火・土・日曜、祝日の場合は、次の平日）

INDEX

取材
磯本歌見
砂野加代子

デザイン・DTP
益田美穂子（open! Sesame）

地図
庄司英雄

編集
OFFICE あんぐる

京都・奈良・大阪
修学旅行 パーフェクトガイド 増補改訂版

2023 年　4 月 15 日　第 1 版・第 1 刷発行
2025 年　3 月 5 日　第 1 版・第 4 刷発行

著　者　「京都・奈良・大阪 修学旅行ガイド」編集室
　　　　（きょうと・なら・おおさか しゅうがくりょこうがいど へんしゅうしつ）
発行者　株式会社 メイツユニバーサルコンテンツ
　　　　代表者 大羽孝志
　　　　〒 102-0093 東京都千代田区平河町一丁目 1-8
印　刷　株式会社厚徳社

◎『メイツ出版』は当社の商標です。

ご意見・ご感想はホームページから承っております
ウェブサイト　https://www.mates-publishing.co.jp/

企画担当：千代　寧

※本書は 2018 年発行の『京都・奈良・大阪 修学旅行 パーフェクトガイド 改訂版』を
元に内容の確認、新規内容を追加、書名・装丁を変更して新たに発行したものです。